死後12日目の
ゲゲゲ放談

水木しげる
妖怪ワールドを語る

JN186376

Ryuho Okawa
大川隆法

まえがき

昨年十一月三十日に亡くなられて、新聞、TV、雑誌等の各種媒体《ばいたい》でも有名人として伝えられた水木しげる氏の霊言《れいげん》である。死後十二日目の霊言ではあったが、年末年始がひっかかって、発刊が二〇一六年の一月六日に遅延《ちえん》してしまったことを、多くのファンの皆様方に一言《ひとこと》お詫《わ》び申し上げたい。

日本では妖怪世界は、かなりメジャーで、その特有のキャラクターがかもし出す非現実感から、一種のフィクション的要素が受け容《い》れられて、子供たちにも、大人たちにも人気なのだと思う。ガチガチの唯物論者や、実験科学的思考の人たちにも、苦笑《にが》いさせつつも、〝遊び〟の一種として許容《きょよう》させてしまうところが「妖怪」の強みなのかもしれない。仏教的には一種の邪見《じゃけん》が入っていることは否定しがたいが、まずは妖怪博士の、死後まもないメッセージを、生サラダでも食べるように読んで頂きたいと思う。

二〇一六年　一月五日

幸福《こうふく》の科学《かがく》グループ創始者兼総裁《そうししゃけんそうさい》　大川隆法《おおかわりゅうほう》

水木しげる　妖怪ワールドを語る　目次

水木《みずき》しげる　妖怪《ようかい》ワールドを語る

――死後12日目のゲゲゲ放談――

二〇一五年十二月十二日　収録
東京都・幸福の科学　教祖殿《きょうそでん》　大悟館《たいごかん》にて

「霊言現象《れいげんげんしょう》」とは、あの世の霊存在の言葉を語り下ろす現象のことをいう。これは高度な悟《さと》りを開いた者に特有のものであり、「霊媒現象《れいばいげんしょう》」（トランス状態になって意識を失い、霊が一方的にしゃべる現象）とは異なる。

なお、「霊言」は、あくまでも霊人の意見であり、幸福の科学グループとしての見解と矛盾《むじゅん》する内容を含《ふく》む場合がある点、付記しておきたい。

水木《みずき》しげる　妖怪《ようかい》ワールドを語る

――死後12日目のゲゲゲ放談――

二〇一五年十二月十二日　収録

東京都・幸福の科学　教祖殿《きょうそでん》　大悟館《たいごかん》にて

水木《みずき》しげる（一九二二～二〇一五）

鳥取《とっとり》県出身。高等小学校卒業後、大阪《おおさか》でさまざまな職に就《つ》き、童話や絵を描いて暮らす。第二次大戦でラバウルへ出征《しゅっせい》中、左腕《うで》を失う。復員後は職を転々としながら武蔵野《むさしの》美術学校（現・武蔵野美術大学）に入学、そして紙芝居《かみしばい》作家になり、『ロケットマン』でマンガ家デビュー。『ゲゲゲの鬼太郎《きたろう》』等、妖怪《ようかい》マンガの第一人者として人気を集め、一九九一年紫綬褒章《しじゅほうしょう》、二〇〇三年旭日小綬章受章《きょくじつしょうじゅしょう》、二〇一〇年文化功労者。主な作品に『墓場《はかば》鬼太郎』『河童《かっぱ》の三平《さんぺい》』『悪魔《あくま》くん』等がある。

質問者　※質問順

斎藤哲秀《さいとうてっしゅう》（幸福の科学編集系統括《とうかつ》担当専務理事　兼《けん》
HSU未来創造学部芸能・クリエーターコースソフト開発担当顧問《こもん》）

松本弘司《まつもとこうじ》（幸福の科学専務理事　兼　メディア文化事業局長　兼　映画企画《きかく》担当　兼　HSU講師）
〔収録時点・メディア文化事業局担当常務理事　兼　映画企画担当　兼　HSU講師〕

竹内久顕《たけうちひさあき》（幸福の科学宗務《しゅうむ》本部第二秘書局担当局長）

1　マンガ家・水木《みずき》しげる氏を招霊《しょうれい》して「妖怪《ようかい》ワールド」を探究する

非常に大きな「妖怪《ようかい》マーケット」を持っている日本

大川隆法　今日は、水木《みずき》しげる先生がお話をされたいとのことです。

この方は（二〇一五年）十一月三十日に亡《な》くなられたのですが、霊的《れいてき》につながらないように、私は、なるべく新聞記事や週刊誌、テレビのニュースなどは観《み》ないように心掛《こころが》けていました。

しかし、先日、野坂昭如《のさかあきゆき》さんの霊が来て、少し〝蓋《ふた》〟を開けてしまったので、この方ともつながってしまいました（注。本霊言《れいげん》の二日前に、二〇一

『野坂昭如の霊言——死後21時間目の直撃インタビュー——』
（幸福の科学出版刊）

五年十二月九日に亡くなった野坂昭如氏の霊言を収録している。『野坂昭如の霊言』〔幸福の科学出版刊〕参照)。それで、「出演交渉《こうしょう》」をかなりしてこられたので、「これは、もうお断りするのは無理かな」と思いまして、お話しいただくことにしました。

ただ、水木先生は、「妖怪博士《ようかい》」というか、妖怪世界についてのマンガをずいぶん描かれた方なので、霊言で出てきても、もちろん、おかしくはない思想を期待している方も多いだろうとは思いますし、本人も当然、「出る資格がある」と思っておられるのではないでしょうか。

私としては、妖怪世界とは、ある程度、一線《いっせん》を画《かく》していたつもりではいたのですけれども、そうし切れないところもありました。

というのも、日本の国は特に、「妖怪マーケット」が大きいようで、「どちらが裏だか表だか分からない」というところがあるからです。

幸福の科学も、今、アニメ映画等をつくっていますが〔注。一九九四年以来、大川隆法製作総指揮のアニメ映画を七作品、実写映画は二作品を全国公開している。また、通算十作目の作品として、実写映画「天使に〝アイム・ファイン〟」を二〇一六年春に公開予定である）、やはり、妖怪の勢力が非常に強く（笑）、「もう、とても敵《かな》わない。なぜ、日本人はこんなに妖怪が好きなのか分からない」というぐらい強いのです。

例えば、宮崎駿監督《みやざきはやおかんとく》の映画「もののけ姫《ひめ》」や「千《せん》と千尋《ちひろ》の神隠《かみかく》し」なども、はっきり言えば、妖怪世界です。それから、近年では、「妖怪ウォッチ」がものすごくヒットしました。私はあまり観ていないのですが、すごく流行《はや》っているようではあります。

さらに、今年（二〇一五年）公開のアニメ映画では、「バケモノの子」というものもありました。題だけを見ると、とてもではないけれども、人がたくさん入るような題ではないと思われるのですが（笑）、これもけっこうヒットしていました。

2016年3月19日公開予定の映画「天使に“アイム・ファイン”」（製作総指揮・大川隆法／ニュースター・プロダクション）

また、現時点（二〇一五年十二月）では、アメリカのアカデミー賞長編アニメーション部門の審査《しんさ》対象として、日本からは、当会の「ＵＦＯ学園の秘密」と、この「バケモノの子」、そして、幽霊《ゆうれい》物語である「思い出のマーニー」が選出されています。

したがって、「宇宙人と妖怪と幽霊とが競争している」ということになるのですが、アニメなので、それはしかたがないことなのでしょう。

そういうことで、マーケット（市場《しじょう》）やニーズという点で見るかぎりでは、日本における〝妖怪市《し》場《じょう》〟はかなり大きいのではないかと思います。

むしろ、「霊界《れいかい》」については、ほぼ「妖怪と怨霊《おんりょう》の世界」と取られていて、小説や映画、マンガなど

第 88 回アカデミー賞長編アニメーション部門の審査対象に選ばれた日本のアニメ作品。（左）「思い出のマーニー」（2014 年公開／東宝）、（中）「バケモノの子」（2015 年公開／東宝）、（右）「ＵＦＯ学園の秘密」（2015 年公開／日活）

ではだいたいそういうものに占《し》められています。逆に、私が説くような、すっきりした天国・地獄《じごく》の世界を描いているものは少ないので、今はそちらのほうがメジャーなのかもしれないという気もしています。

多数の日本作品で描かれている「妖怪《ようかい》・魔界《まかい》・怨霊《おんりょう》の世界」

大川隆法　日本では有名な宗教である大本教《おおもときょう》には、二代目に、初代以上の〝威力《いりょく》〟のあった出口王仁三郎《でぐちおにさぶろう》さんという方がいて、当会からも霊言集を出したことがあるのですけれども、生前、『霊界物語』●というものを出しています。近年、新版として再び発刊されていますが、私などが読むと、「最後まで読むのはちょっときつい」というぐらいのものです。

それは、どう見ても「裏側の世界」と言われる霊界で、狸《たぬき》と狐《きつね》の化《ば》かし合い、およびその延

出口王仁三郎（1871 ～ 1948）

●『霊界物語』　大本教の教祖・出口王仁三郎が口述筆記した物語。大正～昭和初期にかけて著され、全 81 巻 83 冊ある。

長線上にいろいろな霊界世界が展開しており、はっきり言って、「妖怪《ようかい》世界」としか言いようがないところが主力《しゅりょく》だと思われます。当会が出している『永遠の法』（幸福の科学出版刊）に出てくるような、明確ですっきりとした霊界は描けてはいません。

ですから、日本の霊能者などは、ほとんど、妖怪の世界かもしれません。それは、「魔界《まかい》」のようなものとは多少違《ちが》うものでしょうけれども、妖怪のほうは、少し〝かわいげ〟が残っている怖《こわ》さなのかもしれません。魔界になると、あまり〝かわいげ〟のない世界ではあります。

さらに、「魔界」と「怨霊《おんりょう》の世界」の区別となると、極《きわ》めて難しいところではあるのですが、おそらく、魔界のほうは、あの世でも超能力《ちょうのうりょく》的なものを発揮できる霊存在が出てくるところであり、一方、怨霊の世界は〝オーソドックスな〟祟《たた》り系統ではないかと思います。

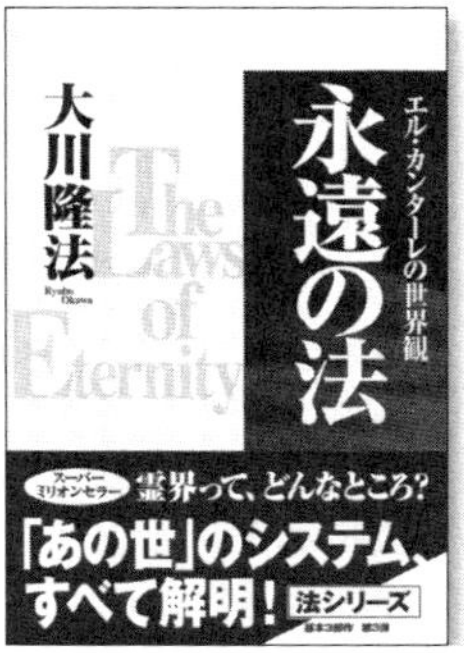

『永遠の法』
（幸福の科学出版刊）
死後の旅立ちや霊界の次元構造を明らかにした「あの世のガイドブック」。

例えば、貞子《さだこ》というキャラクターが出てくる映画「リング」や「らせん」のような系統のものなどは、怨霊でもあるし魔界の者でもあるけれども、妖怪ではありません。怨霊か魔界か、やや微妙《びみょう》なあたりで、どう判定するかは分かりませんが、いずれにせよ、映画などでも、メジャーなものにはそういったものが多いのではないでしょうか。

ですから、幸福の科学のようなところは、非常に少ないわけです。そういうテーマの本や映画を読んだり観たりしても、夜に眠《ねむ》れるようなものをつくっているところは、珍《めずら》しいのではないかと思います。

そういう意味では、妖怪等のものもバカにしてはいけないのかもしれません。子供が好きなようなものであったとしても、バカにすべきではなく、もしかしたら、霊界について訴《うった》えるには、こちらのほうが有力《ゆうりょく》というか、人々が受け容れやすいのかもしれないという気もするのです。

「妖怪博士《ようかい》」でありながら数多く受賞している水木しげる氏

大川隆法　水木先生は、たいへん大きな仕事をされたこともあります。

大正十一年、一九二二年生まれで、私の父より一つ下ぐらいの方です。九十三歳《さい》で亡くなられましたが、一九九一年には紫綬褒章《しじゅほうしょう》を受章されていますし、二〇〇三年には旭日小綬章《きょくじつしょうじゅしょう》、二〇一〇年には文化功労者《こうろうしゃ》に選ばれています。つまり、妖怪《ようかい》世界に関しては、こういうものももらえるということです。いわゆる、表社会の会社の経営者や政治家、いろいろなところで活躍《かつやく》した人と同じようなものがもらえるわけです。

ところが日本では、宗教家などはたいてい、そういう勲章《くんしょう》等の対象から外されているのではないかと思われます。作家のようなことで活躍した人などの場合は、もしかしたら特別に出ることがあるのかもしれませんが、一般《いっぱん》的には対象から外れていると思います。これは、〝日本国憲法の呪縛《じゅばく》〟から、宗教に関しては外しているわけです。

ところが、「妖怪世界に関しては勲章等が出る」ということであれば、「妖怪世界のほうが表世界で、宗教のほうが裏世界」になっているようなものであり、これが、日本の大きな問題なのかもしれません。

例えば、「怪談もの」をした噺家《はなしか》などは勲章をもらえるのかもしれませんが、本当にあの世の話をした宗教家のほうは、そのようには扱《あつか》わないかたちになっているのではないでしょうか。

「なぜ日本人は妖怪《ようかい》が好きなのか」を知りたい

大川隆法　そういうことで、最近では、「妖怪《ようかい》ウォッチ」の人気もすごいのですが、私はそういうものを持っていないので、もうちょっとおもちゃでも買っておけばよかったと、今、少し後悔《こうかい》しているところです（笑）。

ただ、「なぜ、日本には、このように妖怪が多いのか」ということに関しては、ある種の想像、創作、イマジネーションから、「フィクションの世界として面白《おもしろ》い」という面もあるのかもしれないし、日本独特に発達したものがあるのかもしれません。

欧米《おうべい》でも、小人《こびと》が出てきたり、あるいはゴブリンのような、ちょっと悪いものが出てきたり、妖精が出てきたりはするので、似たような世界はあるのでしょうけれども、やはり、日本のほうがかなり明確に、はっきりと出てきています。

したがって、今日は、「この部分を嫌《いや》がってはいけない。もう少し研究すべきなのではないか」という気持ちも持っています。

ちなみに、私としては河童《かっぱ》のブローチぐらい欲《ほ》しかったのですが、持っていないので、代わりに亀《かめ》のブローチを着けたところ、「当会では、亀は神聖な動物だ」と言われてしまいました。ちょっと用意不十分で、いけませんね（笑）。

『妖怪ウォッチ』
（小西紀行作／小学館）

また、私自身は、「妖怪もの」をあまり観ていません。これは「霊能者の弱点」で、観るとすぐに同通してしまうため、普段《ふだん》は、おどろおどろしいものや怖いものは、なるべく、観たり読んだりしないようにしているのです。そのため、十分な勉強ができておらず、今日は、水木先生には、少し申し訳ないと思っています。

もちろん、『ゲゲゲの鬼太郎《きたろう》』ぐらいは知っていますし、少しぐらいは映画を観たこともありますけれども、大《たい》しては知りませんので、聞き出す人たちのほうで、上手に「水木妖怪ワールド」を引き出してもらえればと思います。幸福の科学の霊界観とは違うところや、あるいは、世界的に見た霊界観とは違うところ、もしかしたら、「どうして、それが違うのか」という理由まであるかもしれません。

また、なぜ、日本人はこれほどまでに妖怪が好きなのか、なぜ映画「バケモノの子」のようなもので感動するのか、知りたいところではあります。

世界記録を持つマンガ『ONE PIECE《ワンピース》』に見る妖怪《ようかい》世界

大川隆法　それから、「妖怪《ようかい》世界」と言ったら怒《おこ》られるのかもしれませんが、三億二千万部以上発行されたと言われているマンガで、『ONE PIECE《ワンピース》』というものがあります。こちらも（発行部数の）世界記録だそうですけれども、もう八十巻ぐらい出ているようですし、今年（二〇一五年）は、スーパー歌舞伎《かぶき》にもなって上演されました。

このマンガでは、「悪魔の実を食べると何らかの超能力を持つようになる」という設定になっていて、主人公も、体がゴムのようになる実を食べて、手足がグニャーッと伸《の》びたりします。

これは、はっきり言えば、「妖怪世界」とし

『ONE PIECE』
（尾田栄一郎作／集英社）

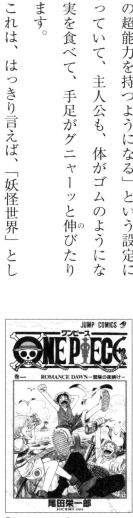

か思えません。「少年が海賊王《かいぞくおう》、キングを目指す物語」ということにはなっているけれども、霊界に関連して言うとしたら、やはり、この世ではありえないので、妖怪世界にかなり近いと言わざるをえないでしょう。

そうした意味で、〝妖怪マーケット〟はけっこう大きいですし、場合によっては、日本発で世界まで行っているのかもしれないとは思います。

マンガ家であり「妖怪博士《ようかいはくし》」でもある水木しげる氏を招霊《しょうれい》する

大川隆法　もしかしたら、当会で霊界研究《れいかいけんきゅう》をしたり、「真理」あるいは「信仰《しんこう》」を伝えるに当たって欠けているものがあるかもしれないとも感じられるので、今日は、少し謙虚《けんきょ》に、そのあたりのことを研究してみたいと思います。（質問者たちに）ひとつ、よろしくお願いいたします。

マンガをすべて読み切っていないところについては申し訳ないと思いますが、だいたいの感じ自体はつかんでいるとは思っています。

では、お呼びしますから、よろしくお願いします（手を一回叩《たた》く）。

マンガ家で「妖怪《ようかい》博士」の水木しげる先生、亡くなられて十二日ぐらいになると思います。多少は霊界体験をされていることでしょう。おそらく、ご生前の世界観、創作観、あるいは、われわれに何か言いたいこと等がおありなのだと思いますし、少なくとも唯物論《ゆいぶつろん》と戦う力にはなると思うので、どうぞ、この機会に、幸福の科学を通じまして、そのお考えなり、人となりをお教えください。

また、あの世を信じていない、迷える衆生《しゅじょう》たちに、何らかの一喝《いっかつ》を与《あた》えてくださればありがたいと思っています。

よろしくお願いします（手を二回叩く）。

（約十秒間の沈黙《ちんもく》）

2　水木しげる氏の死後の様子

霊言《れいげん》開始早々、質問者の首に妖怪《ようかい》が巻きついた!?

水木しげる　（両手で幽霊《ゆうれい》のようなポーズを取りながら）うーん、水木しげるです。あ、こっち（左腕《うで》）、ないんだ。（左腕を背中の後ろに隠《かく》し）こうですねえ。

斎藤　ええ（笑）。水木しげる先生、本日は、まことにありがとうございます。

水木しげる　（左腕を背中の後ろに隠したま

生前の水木しげる氏。日本独特の妖怪ワールドを発信し、海外にも数多くの愛読者を持つ。

ま）こんな感じかな。アッハッハッハッハハ（笑）。（モニターを見て）よく映ってる（注。水木しげる氏は、大東亜《だいとうあ》戦争中、パプアニューギニアのニューブリテン島ラバウルでの爆撃《ばくげき》で左腕を失う重傷を負った）。

斎藤　ああ、そうですか。

水木しげる　うん。この感じ。はい。

斎藤　水木先生は、十一月三十日にご帰天《きてん》されまして、現在、十二日が経過しております。

水木しげる　うーん。

斎藤　今、テレビ、新聞、すべて……（咳《せ》き込む）。

水木しげる　（斎藤に）君、憑《つ》かれてるんじゃないか。大丈夫《だいじょうぶ》か。

斎藤　あっ、ちょっと……（会場笑）。ちょっと待ってください。急に喉《のど》が……、ケホッ、ケホッ……。喉が……、ケホッ！

水木しげる　いや、それ、妖怪《ようかい》が首に取り憑いているように見えた。

斎藤　こんなことは初めてで……、ウエッ、ケホッ、ケホッ、ケホッ……（会場笑）。

水木しげる　（斎藤の後ろを見て）あのね、今、（首が）グルグル巻《ま》きになってるよ。

斎藤　ウウッ。おかしい……。ケホッ、おかしい……。ケホッ……。

水木しげる　あのねえ、それは妖怪がねえ、妖狐《ようこ》が来て、今、首を巻いてるんだよ。

斎藤　ああ……、すみません。大丈夫です。いやあ、これは苦しい。（松本から水を受け取り）ありがとうございます。すみません。

「『妖怪《ようかい》を信じられる世界』に来なさい」

斎藤　今、テレビ、新聞等には、先生のことを偲《しの》んで、さまざまな追悼《ついとう》番組などがございます。

そこで、まず、水木先生が帰天《きてん》されてからの、今のご心境等について、ぜひ、第一声を頂きたいと思いますけれども、いかがでしょうか。

水木しげる　うーん。君、妖怪《ようかい》は実在するんだよ。だから、「信じられる世界」に来なさい。「妖怪を信じられる世界」。「ようこそ、妖怪ワールドへ」と。

何か、君たちは、「エル・カンタ―レ祭」とか言ってるんでしょ？　「信じられる世界へ」って言ってるよなあ？（注。本収録の三日後の二〇一五年十二月十五日、千葉《ちば》・幕張《まくはり》メッセにおいてエル・カンタ―レ祭を開催《かいさい》し、「信じられる世界へ」と題して講演を行った）

だから、「妖怪を信じられる世界へ」だ。「妖怪」を前に付けなきゃ、な？

斎藤　「妖怪を信じられる世界へ」……。

水木しげる　それがメジャーなんだからさ。世界のな。

斎藤　はあ……。

水木しげる　（絆創膏《ばんそうこう》が貼《は》られた右手の人差し指を出し）大川隆法大先生は指を切ってね、出血《しゅっけつ》したんです。「妖怪カマイタチ」に襲《おそ》われて。

斎藤　（笑）ちょ、ちょ、ちょっと、えっ、えっ!?

水木しげる　「妖怪カマイタチ」に襲われてねえ、今日は、なんかもう、収録せざるをえないことになった。これ以上の被害《ひがい》を避《さ》けるために、やらざるをえなくなって。

斎藤　はあ、そうですか。

水木しげる　（斎藤を指し）今、君の首も絞《し》められただろう。

斎藤　いやあ、ケホッ……、突然《とつぜん》……。

水木しげる　（松本を指し）次は、この人の頭の毛が抜《ぬ》け始める。ツルツルツルツルになる。

松本　（頭を押《お》さえながら）ああ……！（笑）

水木しげる　ええ？

松本　それだけは……（笑）（会場笑）。

水木しげる　次は、「ぬらりひょん」になる。

ぬらりひょん
一説には妖怪の親玉的な存在とも言われる。「百怪図巻」（佐脇嵩之作／福岡市博物館蔵）

斎藤　ものすごい妖気《ようき》の力を感じます。

水木しげる　うん？

水木しげる氏は、死後、どのような世界に還《かえ》ったのか

斎藤　水木先生におかれましては、特に日本人の間では、「ゲゲゲの鬼太郎《きたろう》」というキャラクター、そして、その番組が、非常にメジャーとなっていまして、世代を超《こ》えて有名でございます。

水木しげる　うん！

代表作の『ゲゲゲの鬼太郎』は今も高い人気を誇る。（上）映画「ゲゲゲの鬼太郎 日本爆裂!!」（2008年公開／東映）

斎藤　『ゲゲゲの鬼太郎』の創作などは、「空想の世界で」というように思うんですけれども、今、お話を伺《うかが》いますと、「（妖怪は）実在する」とおっしゃっていました。

水木先生がお亡《な》くなりになられてから十二日間がたちましたが（収録当時）、今は、霊として、地上にいらっしゃるのでしょうか。それとも、『ゲゲゲの鬼太郎』の世界というか、霊界《れいかい》の妖怪世界にいらっしゃるのでしょうか。どのような世界にいらっしゃるのか、教えていただければ幸いです。

水木しげる　いやあ、君ねえ、あれが実在の世界でね、君たちが生きてる世界が虚《きょ》像《ぞう》なんだよ。これが偽《いつわ》りの世界なんだな。（質問者たちを指して）君たちは、画一《かくいつ》化《か》したロボットみたいな形をしてるじゃない？　こういうのは実在の世界じゃないんだよ。実在の世界は「思いの世界」だからね。思いがそのまんま現象化するからさあ、みんな、なりたいようになるわけよ。

（斎藤を指して）だから、君も、「『なりたいようになれる』といったら、何になるか」って、生き物を考えてみたらいいじゃないですか。何か変わった生き物になるだろう、たぶん。な？　そんな人間風の生き物じゃなくて、そうとう変わったものだろう？

斎藤　はい。（一回くらいは）「そうなりたい」とは思いますね。

水木しげる　僕《ぼく》の感じだと、君なんかだったら、たぶん、正月の餅《もち》をビューッと伸《の》ばしたような感じの、あんな妖怪になるんじゃないかなあ？

斎藤　正月の餅の形（笑）。

水木しげる　うーん。だから、目も鼻も口も頭も足も分からない。（何かを両手でつかみ伸ばすようなしぐさをしながら）こう、餅がグニャアーッと伸びて、「べったんこ、べったんこ」と歩くような、こんな妖怪になりそうな気がする、君。

斎藤　（苦笑）そうですか。まことに、ありがとうございます（会場笑）。

水木しげる　（松本を指して）君、かなり近いところにいるよねえ？　君、「妖怪世界」に近いんじゃないか？

松本　あ、妖怪ですか。

水木しげる　なんかねえ、親近感を感じるよ。

松本　ああ、そうですか（苦笑）。

水木しげる　なんか、「いる」ような気がする。

松本　それは恐《おそ》れ入ります（笑）。

水木しげる　もしかしたら、君の魂《たましい》のきょうだい、全部いるんちゃうか？　俺《おれ》のところの世界のなかに。

松本　ああ、それはそれは、いつもお世話になっています。

水木しげる　やっぱり、世界は近いよな？　世界観が。

松本　あっ、そうですか。はあ（笑）。

水木しげる　いつも考えてることは、妖怪の考えるようなことだろう？　ねえ？

松本　はあ、ある意味で、ずっといろんなアイデアを……。

水木しげる　そうだろう？　君は現実を否定して、空想が本物だと思うタイプじゃないか。な？　だから、妖怪世界だよ、きっと。

松本　なるほど。

水木しげる　君が宇宙人だなんて思ったら、それは間違《まちが》いなんだ（注。質問者の松本は、以前のリーディングで、魂のルーツが火星に住むニワトリ型の宇宙人であったことが判明している。『宇宙人リーディング』〔幸福の科学出版刊〕参照）。騙《だま》されてるんだよ。宇宙人なんかじゃない。君は妖怪世界から来たんだよ。

松本　（苦笑）はあ……。

「霊界《れいかい》そのものが妖怪《ようかい》の世界」？

松本　今、「宇宙人」というお話がありましたけれども、やはり、宇宙人と妖怪《ようかい》は違うものなのですか。

水木しげる　知らん。まあ、宇宙人もいるんかもしらんけど、それは、いちおう近代的なものなんで、あんまり関心がないんだよ。

松本　ああ。近代的なものには……。

水木しげる　近代的すぎるからあんまり関心がない。やっぱり、わしはねえ、〝クラシック〟が好きなんだよ。

松本　水木先生は、ずっと妖怪世界におられて、今回、地上にお生まれになったということですよね？

水木しげる　「妖怪世界」という定義が悪いなあ。霊界そのものが妖怪世界なんだよ。

松本　ああっ！　霊界世界が、妖怪世界……。

水木しげる　うん、うん。だから、例外が一部あるというだけのことやな。要するに、霊界には、人間世界を忘れ切れない人間が霊界に来たときに、人間界みたいなところを一部見せてるところはあるけども、それはあくまでも例外であって、大多数の部分は妖怪なんだよ。なんで妖怪世界かというと、思いが極端《きょくたん》化してくるのが、あの世の世界だからね。

例えば、金儲《かねもう》けの亡者《もうじゃ》みたいなやつが霊界に来たら、そらもう、狸《たぬき》が化《ば》けたようになって、木《こ》の葉を金貨に変えるようなことに熱中しちゃうじゃない？　思いが実現したら。

だいたいそんなもんだからさ。みんな、自分がいちばん強く望むものになっちゃうからさあ。

そうすると、普通《ふつう》の人間の姿ではいられないんだよ。普通なあ、〝別なもん〟になっちゃうんだなあ。

現在の水木しげる氏の霊的《れいてき》な姿とは

竹内　水木さんは今、どのような姿をしているんですか。

水木しげる　君ねえ、いきなり「結論」みたいなことをねえ（会場笑）。そらあ、そういうのは……。

斎藤　水木先生、この方（竹内）は、「結論」が強い方なので話されてますが……（笑）。

水木しげる　ドラマなら最後まで観《み》てくれないよ、君ぃ。

竹内　まだ、このあと、いろいろと訊《き》きたいことがありますので、先にまずそのあたりから入っていったほうがよろしいかと思いまして。

水木しげる　いや、いや。まあ、君が、「自分の姿はどう見えるか」を訊くんなら、

「謙虚《けんきょ》だなあ」と思うけどねえ。私のを訊くっていうのはちょっと、どうかねえ。

竹内　まず、手は二本あるのでしょうか。

水木しげる　いや、手は一本しかないよ。

竹内　ああ、そうですね。戦争で腕を失っていますからね。

水木しげる　うーん。

竹内　手は五本指の……。

水木しげる　うん、うん。まあ、（右掌《てのひら》を見せながら）いいよ。

竹内　お顔は？

水木しげる　ないよ。

竹内　顔はないのですか。

水木しげる　うん。顔がない。

竹内　顔がない？　では、目とか口とかはないのですか。

水木しげる　うーん。目は一個ある。

竹内　目は一個？

水木しげる　うん。目玉のおやじ。

竹内　目玉のおやじなんですか。

水木しげる　うん、うん。目はな。

竹内　あ、目は。

水木しげる　うん。目玉のおやじだねえ。

竹内　そうすると、胴体《どうたい》はどうなってい

水木しげるロード（鳥取県境港市）に設置されている「目玉おやじ」のブロンズ像。

るのですか。

水木しげる　ああ、胴体はゲゲゲの鬼太郎。

斎藤　（笑）

竹内　え？　ちょっと待ってください。頭がなくて、胴体が鬼太郎なんですか？

水木しげる　いや、まあ、頭は、何かあるよ。あるけど、顔の表情がないだけで、目玉が一個ついてる。

竹内　胴体に目玉がついているのですか。

水木しげる　いや、だから、〝突出物《とっしゅつぶつ》〟はあるよ。突出物はあるけど、人間みたいな形をしとらんと言ってるだけで。

目玉一個で、だいたい機能してる。すごく動くからさ。（右手をにぎって左右に振《ふ》り、反時計回りに回して）いろいろ、広角レンズみたいに動くからさ。目玉で十分だな。

あと、体は、いちおう馴染《なじ》みはあるから、ゲゲゲの鬼太郎の、縞《しま》模様の、な？

松本　ああ、ちゃんちゃんこですね？

水木しげる　ああ。あれを着て、まあ、だいたい下は似たような感じかなあ。だけど、ときどき首が伸びたり縮んだりするんだ。

斎藤　ほおお……。

竹内　水木さんがそのお姿になったのは、どうしてなのですか。

水木しげる　なんか、それが、安心感があるんだな。

竹内　どのような機能があるのでしょうか。

水木しげる　うん？　ない。

竹内　その形になったのは、何かを成《な》すためだと思うのですが。

水木しげる　うーん……。まあ、「目が一個」っていうのは、だいたい、「一つの世界観に統一したい」っていう気持ちの表れだろうな。

松本　ほお。

水木しげる　二個あると、どうしても人間界を見ちゃうから。「人間界」と「妖怪世界」を、別に見ちゃうから。「全部を妖怪世界で見たい」という気持ちやな。それは、そういうふうに出てるわな。

水木しげる氏が描くマンガは〝自動書記〟？

竹内　やはり、水木先生が妖怪の図鑑《ずかん》をつくるときなどは、そのような目を、ずっと妖怪世界に巡《めぐ》らせているのでしょうか。

水木しげる　まあ、やっぱり、〝妖怪制作スタッフ〟っていうのがいてね、たくさん手伝ってくれてるのよ。私が描いてると思っちゃいけない。私はもうねえ、マン

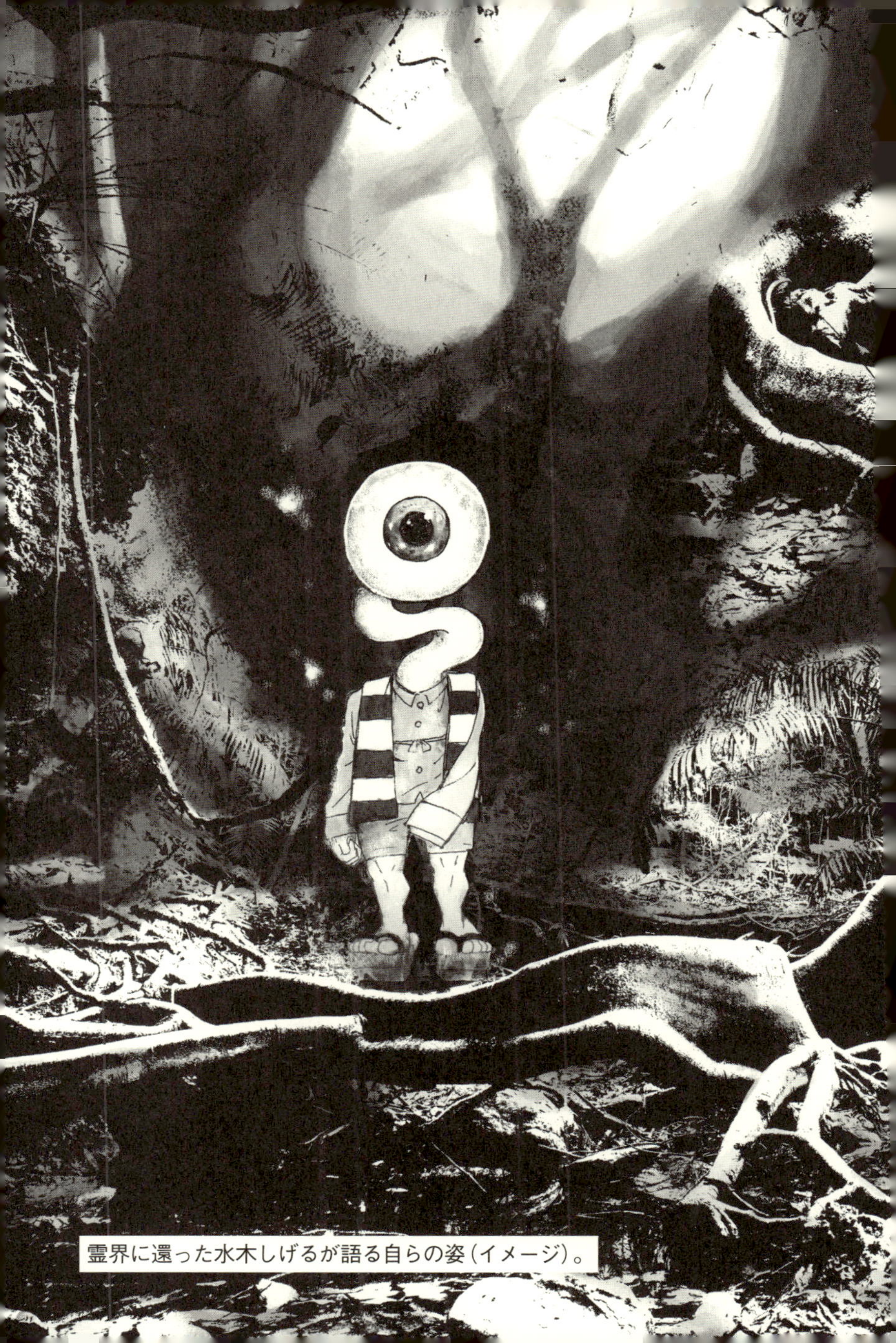

霊界に還った水木しげるが語る自らの姿(イメージ)。

ガは〝●自動書記〟なの、ほとんどね。

竹内　自動書記ですか。

水木しげる　うん。妖怪が来て、それぞれ、自分の姿を描いていっている。

松本　つまり、人間ではなく、妖怪の指導が入って描いているということですね？

水木しげる　うん。そう、そう、そう。妖怪が描いてるのよ。私は体を貸してるだけで。

斎藤　ご生前もインタビュー等で、「妖怪に取り憑《つ》かれて、描かされている」というようなことをおっしゃっていました。

●**自動書記**　霊界通信の一種で、ひとりでに手が動いて霊の言葉を紙に書くこと。

水木しげる　そうなのよ。もう勝手に動いてんの。だから、大川さんだけじゃないのよ。そんな自動書記は、私だってできるのよ。絵を描くほうは何でも。（斎藤を指して）あんたも、取り憑かれたら、いけるでぇ。

斎藤　いや、いや、いや。

水木しげる　あんたは、絶対、絵をやるべきだわ。

斎藤　いやあ……。

水木しげる　いや、いける。描ける、描ける、描ける。

斎藤　いえ、とんでもございません。

水木しげる　絶対、描ける。妖怪を描け。

斎藤　いやあ……（笑）。今、いちばん描きたいものは何かありますか。

水木しげる　死んだばかりなのに、あなた、何ていうことを言うのよ。死んだばかりで、「いちばん描きたいのは？」って、それはないっしょ。

3　水木しげる氏は「あの世の存在」を伝えたかった

死後の世界を信じられない人間は「最低最悪」

松本　やはり、「死んでも魂《たましい》がある」というのは、当たり前のことですよね？

水木しげる　あのねえ、あんたねえ……。私は、「信仰心《しんこうしん》を持ちなさい」と、繰《く》り返し言うとるわけだからさあ。それは信じなきゃ駄目《だめ》なのよ。

松本　そういうことですよね？

水木しげる　うん。魂を信じなきゃ。死後の世界を信じなきゃ駄目よ。人間ねえ、それを信じなかったら獣《けだもの》になっちゃいますよ。

やっぱりねえ、「死んで終わりだ」と思っとる人間って、もう最低最悪ね。この世的にいくら収入が多くても、地位が高くても、最低最悪ですね。何十年も生きてねえ、魂の存在さえ信じられないなんてのは、それはもう最低よ。

私は九十三で逝《い》ったけどさ。先の戦争も体験したけどさ。魂がなかったらねえ、もう、バカバカしくてやってられませんよ、ほんとにねえ。ええ？

松本　はい。

水木しげる　それはそうですよ。魂があるからやってるんであってねえ。

松本　やはり、「そのことを人間界に伝えたかった」ということですよね？

水木しげる　そらあ、そうですよ。だから、妖怪《ようかい》世界を描いたけども、とにかく、少しはあの世のことをね、いつも感じとってほしいっていうかさあ、考えてほしいわけでね。

それ（妖怪世界）を、「ファンタジー」と言うとるんかな。君たちはファンタジー風に取るんだろう。まあ、気持ちの悪いファンタジーだけど、みんな恐怖《きょうふ》ものも好きだからねえ。つまり、「喜べる恐怖」のほうが広がりやすいんだよ。こちらのほうが、多くの人にアピールしやすいからさあ。まあ、「怖《こわ》いもの見たさ」ってあるじゃないか。

そらあ、「人が死ぬ」っていうのは、だいたい、みんな怖いじゃん。な？「怖い」っていうことでは共通しているからさ。でも、何らかのかたちで死後の世界を教えといてやらんかったらさあ、大勢の人が死んだあと、自己認識できないじゃない？

ただ、「死んだ人間が、蘇《よみがえ》るみたいな感じで、ゾンビ風に動く」っていうなら、

「それはたまらん」と思う人がいるからさ。妖怪っていう形にデフォルメ（変形）してやったほうがさあ、何となく〝置き換《か》え〟があってね、そのほうが救いがあるわけよ。「ちょっと違《ちが》うかたちで生き延びるんなら、いいかなあ」っていう感じがあるし。

まあ、霊界《れいかい》の真相は、やっぱり、そうは言ったってねえ、最初は人間界で生きてたときの感じを持ってるけど、だんだんデフォルメされていって、それぞれの人にふさわしい形になるからさ。

妖怪《ようかい》を描いたのは、霊界《れいかい》に「面白《おもしろ》さ」を加えたかったから

水木しげる　君らは、「天使」なんざ、すごいと思うかもしれないけどさあ、生きてる人間で、例えば、君が鶏《にわとり》みたいな羽を背負って歩いとったら、それはみんなびっくりするぜ。なあ？　「取り付けたな」と一瞬《いっしゅん》見て、「いや、本当に生《は》えとるわ」ってなったら、これは、君、即、「化け物」だよ。

松本　化け物（笑）。

水木しげる　「天使」っていったら、いいと思うだろう？　だけど、それが即、「本当の羽が生えとる。本当の羽が出てる」というんだったら、化け物だよ、君。もう上野《うえの》動物園で特別な檻《おり》を設置して、そこに飼ってもらわなきゃいけないわ。

松本　（笑）「そういうことを、この地上の人間たちに教えるためには、やはり、妖《よう》怪《かい》を見せることがいちばん効果的だ」というようにお考えになったのか。いや、そもそも妖怪そのものをＰＲしたかったのか。
　そのあたりは、いかがなんでしょうか。

水木しげる　うーん……。「死後の世界を伝えたい」っていう気持ちは強く持ってた。先の戦争体験もあったからねえ。それで亡《な》くなった人もいたし、遺族もいたので、やっぱり、死後の世界の存在は訴《うった》えかけたかった。

だけど、なんか、「死後、苦しんでるだけの世界」っていうのもちょっとさみしいので、何か、「楽しさ」や「夢」があってもいいかなあと。

松本　ああ。楽しさ……。

水木しげる　何かはちょっと、「空想の世界」のような感じっていうかさあ。まあ、ディズニーランドがこんなふうだとは言わないけれども、なんか、「そうしたファンタジーの世界に行けるような感じがあったほうがいいのかなあ。それだったら受け容れやすいかなあ」と……。

本当は、戦争の悲劇を描いてもいいんだけど、あんまり強くやりすぎると、遺族とか、そういう人たちが、やっぱり怖がるしさあ。いや、そう怖がりすぎると、今度は、まともに、霊界《れいかい》とかあの世を信じなくなることもあるんで。多少でも、そうした「面白《おもしろ》さ」みたいなのを加えないとね。幽霊《ゆうれい》が出てくると怖いけど、「ゲゲゲの鬼太郎《きたろう》」が出てくるんだったら、何となく〝面白い感じ〟ってあるじゃん？

「長くいられるような世界は、楽しくなきゃいけない」

松本　今の部分は納得《なっとく》できます。

水木しげる　そうだろう？

みなとさかい交流館（鳥取県境港市）の外壁に取り付けられている「妖怪巨大壁画」。「鬼太郎ファミリー」と「山陰の妖怪たち」がユーモラスに描かれている。

松本　ええ。私は、子供のころ、「ゲゲゲの鬼太郎」の「楽しいな　楽しいな　お化けにゃ学校も　試験もなんにもなーい」という歌を聞いたとき……。

水木しげる　おう。そう、そう、そう、そう。

松本　それまで、「お化け」イコール「怖い」と思っていたのが、「楽しい」っていうのが出てきて、そういえば、頭のなかがちょっとクラッとしたのを、今、思い出しました。

水木しげる　うん。そうだろう、そうだろう。君、アニメが成功しなかったら、次、妖怪に行け、妖怪に。

松本　いえ、いえ（苦笑）。それはあまり得意ではないですが……。

水木しげる　いや、私に取材すれば、インスピレーションをいくらでも取れるんだから。手塚治虫《てづかおさむ》の霊指導なんか受けたって、全然、当たらないからさ。私から霊指導を受けて、妖怪世界を詳《くわ》しく聞き取って、それを、あなた、絵にしていきゃあ、ねえ？

おたくの監督《かんとく》の顔だって、妖怪によく似てるじゃないか？　今掛《いまかけ》？（今掛勇《おさむ》氏）

松本　あっ、いえ、いえ、いえ、いえ（苦笑）。

水木しげる　今掛なんか、あれ、妖怪そのものじゃないか。

松本　いえ、いえ、いえ（苦笑）。けっこうかわいい顔をしていますけれども。

水木しげる　出てきたばっかりの妖怪みたいだよねえ？　あんなのは、もうそんな感じだよ。あんなの、いっぱいいるよ。

だから、今掛には、もう妖怪を描かせたほうがいいよ。宇宙人なんかには向いてないから。

松本　（苦笑）いえ。まあ、そういう意味では、（水木先生は）「霊界も、必ずしも暗いばかりではない。死後の世界には、楽しいところもある」ということを伝えたかったと……。

水木しげる　いや、楽しくなかったらさあ……。だって、常世《とこよ》の世界だよ。あなた、あちらが実在世界でしょう？　私、これ、あんたがたと意見が一致《いっち》してるんだから。実在世界なんだからさあ、長くいられなきゃいけないわけよ。ね？

「長くいられるような世界」っていうのは、楽しくなきゃいけないわなあ？　デイズニーランドへ行ったら、時間を忘れてさあ、なかなか帰りたくないじゃないの。子供でも夜遅《おそ》くまで帰りたくないし、できたら泊《と》まっていきたいよなあ？

松本　うん、うん、うん、うん。

水木しげる　ね？　その感じ。学校は早く帰りたい。ね？　会社も早く帰りたい。ディズニーランドなら、ゆっくりいたい。長くいたい。何日も来てみたい。でしょう？

だから、そう。そういう世界が本来の世界じゃなきゃ、やっぱりいけない。

4　妖怪《ようかい》は、やはり「恐怖《きょうふ》」の世界なのか

水木氏がディズニーのミッキーを描くと「ねずみ男」になる？

松本　今、ちょうどディズニーランドの話が出たんですが、あれは、いわば洋物《ようもの》というか、海外的に見て……。

水木しげる　まあ、魔法《まほう》の世界だよ。

松本　魔法の世界ですね？

水木しげる　ああ。

『ウォルト・ディズニー「感動を与える魔法」の秘密』（幸福の科学出版刊）

松本　それは、どちらかというと、明るくてキラキラしていて、「楽しい」という感じですよね？

水木しげる　「明るい」とだけは言えないよね。やっぱり同じようなところはディズニーもあるよなあ。

表に出してるのがあれだけど、あんたねえ、ここにさあ、例えば、五十センチもあるねずみが直立して二足歩行で走り回って、ラブシーンなんかやったりしたら、もう君、それ、かなり〝キモい〟よ。

松本　それはそうでしょうけど（笑）。

水木しげる　もう日本画になれば、これは完璧《かんぺき》に妖怪《ようかい》になるよ。

松本　でも、やはり、かわいいところがあるんですよね。

水木しげる　まあ、そうかわいいと思うとは……。だけど、わしが描けば、ねずみ男になるわけであって。

松本　なるほどね。

斎藤　ねずみ男とミッキーとでは、差がありますね。

竹内　（ねずみ男は）あまりかわいくないです。

水木しげる　ミッキーとねずみ男に、どれほどの差があるわけ？

松本　いえ。ちょっと違《ちが》うと思うんですけどね。

水木しげる　差別をつけちゃいけないよ。ねずみ男だって、君たちの本性《ほんしょう》だよ、君たちのねえ。だいたい、会社の一つの課ぐらいには、必ず、ねずみ男みたいなやつはおるんだ。

松本　（笑）

水木しげる　一人は、絶対にいるんだ。

斎藤　「水木先生がいちばん好きなキャラクタ

水木しげるロード（鳥取県境港市）に設置されている「ねずみ男」のブロンズ像。

ーは、ねずみ男だ」と、今朝《けさ》のテレビ番組でやっていましたね。

水木しげる　うーん。そう。君も、何となく顔が少し……。

斎藤　（苦笑）また、それはいいですよ。私のほうは、もう結構ですから。個人的な突《つ》っ込《こ》みは、もう結構でございますので（会場笑）。

お化《ば》けには学校も試験もなんにもないが、マンガはある？

斎藤　でも、先ほど、ほかの質問者から出ましたが、「ゲゲゲの鬼太郎《きたろう》」の（軽《かろ》やかに）「ゲッゲッ　ゲゲゲのゲー」という、あの歌を……。

水木しげる　あっ、ちょっと違うな、歌のニュアンスが（会場笑）。

斎藤　えっ？

水木しげる　（こぶしを効《き》かせて）「ゲ〜ッ　ゲ〜ッ　ゲゲゲのゲ〜〜」じゃないといけないわけで。

斎藤　すみません（苦笑）。オリジナル、源流には、とうてい抗《あらが》えないものですから。

でも、あの詞は全部、水木先生がつくられた詞だということで……。

松本　水木先生の作詞ですよね。

水木しげる　いや、霊界《れいかい》から響《ひび》いてきた音楽だから、変えようがないじゃない。

斎藤　ええ。「お化《ば》けにゃ学校も　試験もなんにもなーい」と。これがけっこう流《は》行《や》っています。

水木しげる　ああ。いいねえ。マンガだけはあるんだよなあ。

斎藤　何にもなくて、ただ遊んでいるんですか。

水木しげる　いや。マンガはあるわ。マンガが「試験」だからさあ。

斎藤　あっ、マンガが試験なんですか。

水木しげる　うん、うん。絵は描かなきゃならない。絵は描く。だから、君も行きやすいよ。そっち（絵）

『ゲゲゲの鬼太郎』
（虫コミックス）

は大丈夫《だいじょうぶ》だろう？（注。質問者の斎藤は東京芸大《げいだい》卒）

斎藤　また……（苦笑）。でも、水木先生は今日……。

水木しげる　（君は）勉強で疲《つか》れてるだろう？　もうだいぶさあ、今日は〝お疲れ〟の感じがするよ（笑）。

斎藤　いやいや（苦笑）、光に満ちておりますけれども……。

水木しげる　活字はそろそろやめたほうがいいよ。もう目に悪いから、活字は。

斎藤　（苦笑）

「妖怪《ようかい》は描き切れないぐらい、幾《いく》らでもいる」

斎藤　今日の朝、水木先生の追悼《ついとう》の企画《きかく》番組をたまたま観《み》ていたんですが、「(妖怪《ようかい》を)二千種類も発明された」ということだったんですね?

水木しげる　たった二千しかないって?　そう?

斎藤　いや。すごいですね。そんなに多くの種類がいるんですか?

水木しげる　「発明」ってことはないでしょう?　「発見した」と言っていいだろう。

斎藤　本当に、それだけいるんですか?

水木しげる　そら、もう幾《いく》らでもいる。もう描き切れないぐらい。

斎藤　それは、水木先生のところにご挨《あい》拶《さつ》に来られるんですか。

水木しげる　もうそれは、部屋のなかにも、どこにでもいるよ。

斎藤　ええっ（苦笑）。水木先生のお仕事場には……。

水木しげる　（斎藤を見て、絵を描くし

水木しげるロード（鳥取県境港市）に設置されている「鬼太郎」（右）、「ねこ娘」（中）「ぬり壁」（左）のブロンズ像。

ぐさをしながら）もうスケッチブックを渡《わた》されたら、それはあなた、すぐにねずみ男をワーッと描き始めるし、（松本を指差して、絵を描くしぐさをしながら）「この人は、妖怪のどれに似てるかな」って感じ。ねえ？　よく見たら、「うすどん」（昔話の「猿蟹《さるかに》合戦」に出てくる蟹の仲間の臼《うす》のこと）みたいな感じもあるな。

斎藤　「見えてくる」ということですか。

「ラバウル」で視《み》た幽霊《ゆうれい》は妖怪《ようかい》のようだった

松本　（文庫本を掲《かか》げながら）これは、『図説　日本妖怪大鑑《ようかいたいかん》』という、講談社から出ている本なんですけれども、今、チラチラ見ていても、申し訳ないですが、やはり気持ち悪いんですが……。

斎藤　（松本に）そんなストレートに言ってはなりません（苦笑）。

松本　ああ、申し訳ないです（苦笑）。この本の多様性は面白《おもしろ》いかと思うんです。ただ、これ、もう少しかわいいものはなかったんでしょうか。美しい妖怪とか……。

水木しげる　かわいいじゃない。何が気持ち悪いの？　あんた、ラバウルだって見てごらんなさい、そんな世界ばかりよ。

松本　ラバウルですか？

斎藤　あっ、水木先生の原体験は、もしか

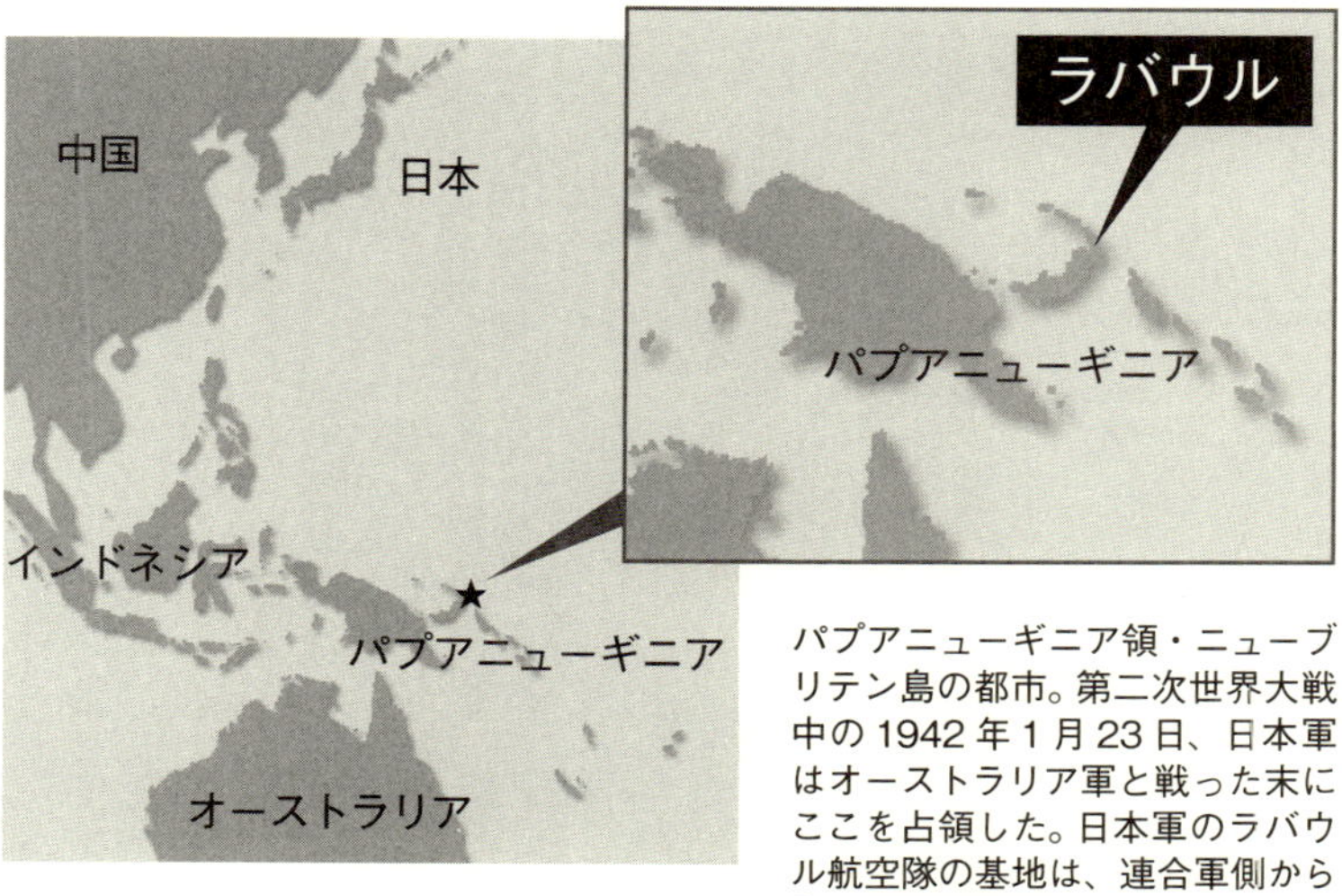

パプアニューギニア領・ニューブリテン島の都市。第二次世界大戦中の1942年1月23日、日本軍はオーストラリア軍と戦った末にここを占領した。日本軍のラバウル航空隊の基地は、連合軍側から「ラバウル要塞」と呼ばれた。水木しげるは、このラバウルに出征して重傷を負い、片腕を失った。

したら戦争ですかね？

水木しげる　ラバウルの幽霊《ゆうれい》たちをかわいく描こうとしても、もうそんなのしか描けないんじゃないでしょうか。

斎藤　ああ……。

松本　ラバウルでご覧になったんですね？　そこで初めて、今世《こんぜ》、地上で幽霊をご覧になったわけですか。

水木しげる　まあ、幽霊は多かったねえ。確かに、死んだばかりの人なんか、よく出てきたからなあ。

斎藤　つまり、水木先生は、もしかすると、生まれながらにそうした霊的な能力というか、霊視《れいし》能力とか、霊感とかいわれるものをお持ちだったということでしょうか？

水木しげる　たぶん、もし絵の才能がなかったら、教祖になってたかもしれないなあ。

戦争を生き抜《ぬ》くには、「宗教」や「哲学《てつがく》」が要《い》る

竹内　五歳《さい》のころに、「死」に興味を持って、三歳の弟を海に突き落とそうとしたことがあったらしいんですが……。

水木しげる　そんな悪いことをしたかなあ。記憶《きおく》にないなあ。

竹内　（苦笑）それで、近所の大人に見つかって、ものすごく怒《おこ》られたという……。

水木しげる　そうかねえ。いやあ……。

竹内　生死に関しては、すごく小さいころから興味をお持ちだったという……。

斎藤　（苦笑）すごい事例を出しますね。

水木しげる　いやあ、それは、弟を〝自由の世界〟へ導いてやりたいと思ったことはあったのかもしらんが、少し哲学《てつがく》が浅かったのかなあ。

斎藤　あと、もう一つ、最近（二〇一五年五月）、水木先生の出征《しゅっせい》前の手記《しゅき》というものが発見されまして……。

水木しげる　うん？

斎藤　そこには、水木先生が、哲学や宗教を非常に勉強されていた跡《あと》が窺《うかが》われまして。

水木しげる　あっ、それはまあ、一般《いっぱん》にね。

斎藤　そのように、やはり、戦争を通じて、哲学や宗教というものを、実は、ものすごく勉強されていたんですよね？

水木しげる　戦争を通じてねえ？　うーん、どうかなあ。通じてかどうかは知らんけど、戦争を体験するに当たっては、やっぱり「哲学」や「宗教」を持ってないと、人間、生き抜《ぬ》けないよなあ。何もなしで、ただただ殺し合いみたいなのは、それはできんな。

何か、そういう「信条」というかさあ、自分の「信念」みたいなものがないとなあ。宗教、哲学、信念、「武士道」でも何でもいいけどさあ、何かを持ってないと、あるいは、「死生観」みたいなものを持ってないと、とてもじゃないけど、やっぱり発狂《はっきょう》するな。

斎藤　「特にゲーテが好きだ」ということで、本を戦地にも持っていかれていたようですが……。

水木しげる　ああ、ゲーテもいいね。霊的だからねえ。

斎藤　そういう面では、高尚《こうしょう》な哲学空間をお持ちな

エッカーマン著『ゲーテとの対話』（全3巻／岩波書店）は、水木しげるが10代から20代にかけて、「暗記するまで繰り返し読み込んだ」と述懐している書。他にも、カントやスピノザ、ショーペンハウエルなども読んでいたという。

のだなと思いますが……。

水木しげる　やっぱり、外に発表するものは、なるべく、そういうふうになるわね。高尚になるかもしれねえな。

「妖怪《ようかい》マンガを通して『恐怖《きょうふ》』で人間を〝引き締《し》め〟たかった」

斎藤　今までお聞きして、「本当は、突き詰《つ》めて言うと、あの世があることをお知らせしたかった。霊があることをお伝えしたかった」という気持ちは、非常に伝わってまいりました。その奥《おく》には、もう少し何か、考え方や人生哲学のようなものはございますか。

水木しげる　やっぱり、もう一つ「恐怖《きょうふ》の世界」を知らせておきたい。

斎藤　（苦笑）「恐怖の世界」を知らせたい……。

松本　ああ、なるほど。

水木しげる　戦後の、物質的に発展・繁栄《はんえい》したこの世界に住んでるうちに、だんだん、みんな、それを忘れてきつつあるような気がするんだなあ。
やっぱり、恐怖体験を持っとかないとねえ。戦争の時代もそうだし、戦後もそうだったかもしれないけど、焼け跡から這《は》い上がって、だんだん新幹線が走り、テレビが映るあのころから、そろそろ恐怖が薄《うす》れてきたんで。その「原体験」を忘れちゃいけないんでねえ。トイレだって、水洗式のトイレになったら、全然怖《こわ》くないでしょう?

竹内　ええ。

水木しげる　昔の学校のトイレなんていうのは、校舎から離《はな》れた所にあって、「夜は、歩いていってトイレにまたがると、下から手が出てくる」なんて言われて、もう怖くて怖くてしょうがない。

やっぱり、ああいう「原体験」を、ちょっと知らないといかん。「トイレの花子《はなこ》さん」みたいな怖さとか、「学校で夜勤の先生が回ってみたら、階段の段数が一段違う」とかねえ、そういう怖い話がいっぱいあったでしょう？「学校の怪談《かいだん》」だよな。

そういうふうな、怖さを忘れた、〝闇《やみ》を恐《おそ》れない種族〟になってきたんで。やっぱり、夜も遊べて、闇を恐れない、二十四時間遊べる世界になってきたらいけないね。

闇を恐れない世界はねえ、恐怖を知らない世界であって、恐怖を知って生きとる人は、生きながらにして自《みずか》らに「戒律《かいりつ》」を課してるようなもんなんだよ。恐怖を知らない人間っていうのは、本当の「快楽人間」になってしまうから。恐怖が自分を引き締《し》めるんだよ。

斎藤　恐怖で自分の心を引き締め、物質的な、この世の世界観のみに生きている人間に……。

水木しげる　そう、そう。のめり込んじゃいけないと……。

斎藤　一喝《いっかつ》を与《あた》えたり、警鐘《けいしょう》を鳴らすと……。

水木しげる　例えば、キャバレーで遊んでもさあ、あそこには、妖狐《ようこ》……。妖狐って分かるかな？　尻尾《しっぽ》がふにゃふにゃあとしている、「化かす水商売の狐《きつね》」が、女に乗り移って、今、やっとるだろう？

「こっちは狸《たぬき》だな。ここに来ているこの社長は、社長みたいな顔をしてるけど、実は狸だろう。木《こ》の葉を数えて、札束《さつたば》に見せてるんだろう」とか思っている。こういう「嘘《うそ》の世界」だなあ。「虚《きょ》の世界」っていうかなあ。いかにも楽しげにやっているけれども、実はそれは、本当は恐怖を知らない。

その嘘の世界をねえ、やっぱり、バラしてしまって、蒸発させて、透明《とうめい》にするには、一陣《いちじん》の〝恐怖の風〟が必要なわけで。そういう妖怪マンガとかを枕元《まくらもと》に置いていて、ときどきふっと見たら、ハッと煩悩《ぼんのう》が吹《ふ》っ飛んで、体が引き締まる。「いずれ自分もこうなるのか」と思うとなあ。

水木しげる氏の「画風」の背景にあるものとは

竹内　あなたの技法では、点描《てんびょう》が非常に濃厚《のうこう》な背景を描いていて、その上にマンガ的なキャラクターを載《の》せています。そういう描き方が、ある意味で〝水木しげる流〟だったと思うんですが、こういったあなたの画風は、やはり、妖怪世界のインスピレーションを受けて、つくられているのでしょうか。

水木しげる　これは、やっぱり、南海の孤島《ことう》のジャングルがねえ、実は現象化しているんだよ。私は、そういう世界を見てきたからねえ。

ほら、南海の孤島で死んでいく人たちや、「自分も死ぬかもしれない」っていう恐怖が、原体験としては濃厚にあるんでなあ。それで、背景がどうしても……。やっぱり、ジャングルとかは怖いよ。ねえ？　その感じね。何が飛び出してくるか分からないっていうね。

松本　それが、その画風に表れている……。かなり恐怖を感じられたんですね。

竹内　〝裸一貫《はだかいっかん》〟で逃《に》げた原体験があるようですけれども。

水木しげる　それもあるし、南の島には、もう一つ、そういう彼らの霊界が実はあったからなあ。こちらは霊体質だからさあ、感じるんだなあ。なんか、「アニマ」（魂《たましい》）みたいなものを感じるので。

物《もの》の怪《け》みたいなものと言ってもいいかもしらんが、「何かが、いつも窺《うかが》ってる感じ」っていうかなあ。日本兵たちを、闇のなかから見ている目、ジャングルのなかから見ている目を感じたねえ。あれは動物ではないものだなあ。“something《サムシング》 else《エルス》”（何かほかのもの）だねえ。

（上）ラバウルの風景。（右）第二次大戦中にラバウル上空を飛行する B-25 。

竹内　それは、日本のものとは明らかに違う形なんですか？

水木しげる　うーん。なんか、ちょっと違うものを感じたねえ。体全身でね。

だから、日本で描いても、やっぱり、それがどうしても出てくるんだなあ。まあ、それは、柳田國男《やなぎたくにお》さんみたいな人の妖怪世界もあるけど、ちょっと違う世界を垣間見《かいま》ているので、まったく同じにはならない。

柳田國男（1875～1962）
民俗《みんぞく》学者。農商務省に勤めつつ、東北地方を中心に全国の農村を調査。遠野《とおの》出身の研究者・佐々《ささ》木鏡石《ききょうせき》から東北地方の伝承を聞き取り、『遠野物語』を執筆《しっぴつ》したのをはじめ、各地の民話等を収集。民俗学を確立し、「日本民俗学の父」とも呼ばれる。

5　日本の妖怪《ようかい》世界のルーツとは

「私の妖怪《ようかい》世界は〝世界標準〟であり〝ムー帝国《ていこく》標準〟」

竹内　少し気になるんですが、『遠野《とおの》物語』の柳田《やなぎた》國男《くにお》さんの世界や「となりのトトロ」の宮崎駿《みやざきはやお》さんの世界と、水木しげるさんの世界とでは、多少、違《ちが》うんですが……。

水木しげる　うん。そう。

竹内　これは、妖怪《ようかい》世界でどのように分類されているのでしょうか。

『「宮崎駿アニメ映画」創作の真相に迫る』（左）、『日本民俗学の父　柳田國男が観た死後の世界』（右）（共に幸福の科学出版刊）。

水木しげる　やはり、私が〝世界標準〟の妖怪世界かな?

竹内　その標準の基準は、何なのですか。

水木しげる　〝世界標準〟っていうのは、「世界」って言っても、全世界に同じ妖怪がいるわけではないのでね。私の〝世界標準〟っていうのは、〝ムー帝国《ていこく》標準〟っていうところだなあ。

斎藤　〝ムー帝国標準〟?（会場笑）新しい論点が出てまいりました。

竹内　本当ですか。ずいぶん時間軸《じく》が飛びますね（苦笑）。

松本　もう少し具体的に……。

水木しげる　ええ。だから、ムー帝国の版図《はんと》のなかに入っている妖怪世界を描いていたので。

斎藤　ほう。アジアのほうにある……。

水木しげる　これが、だいたい〝ムーの標準〟だな。

竹内　ムーのどういった流れを引いている妖怪なんですか。

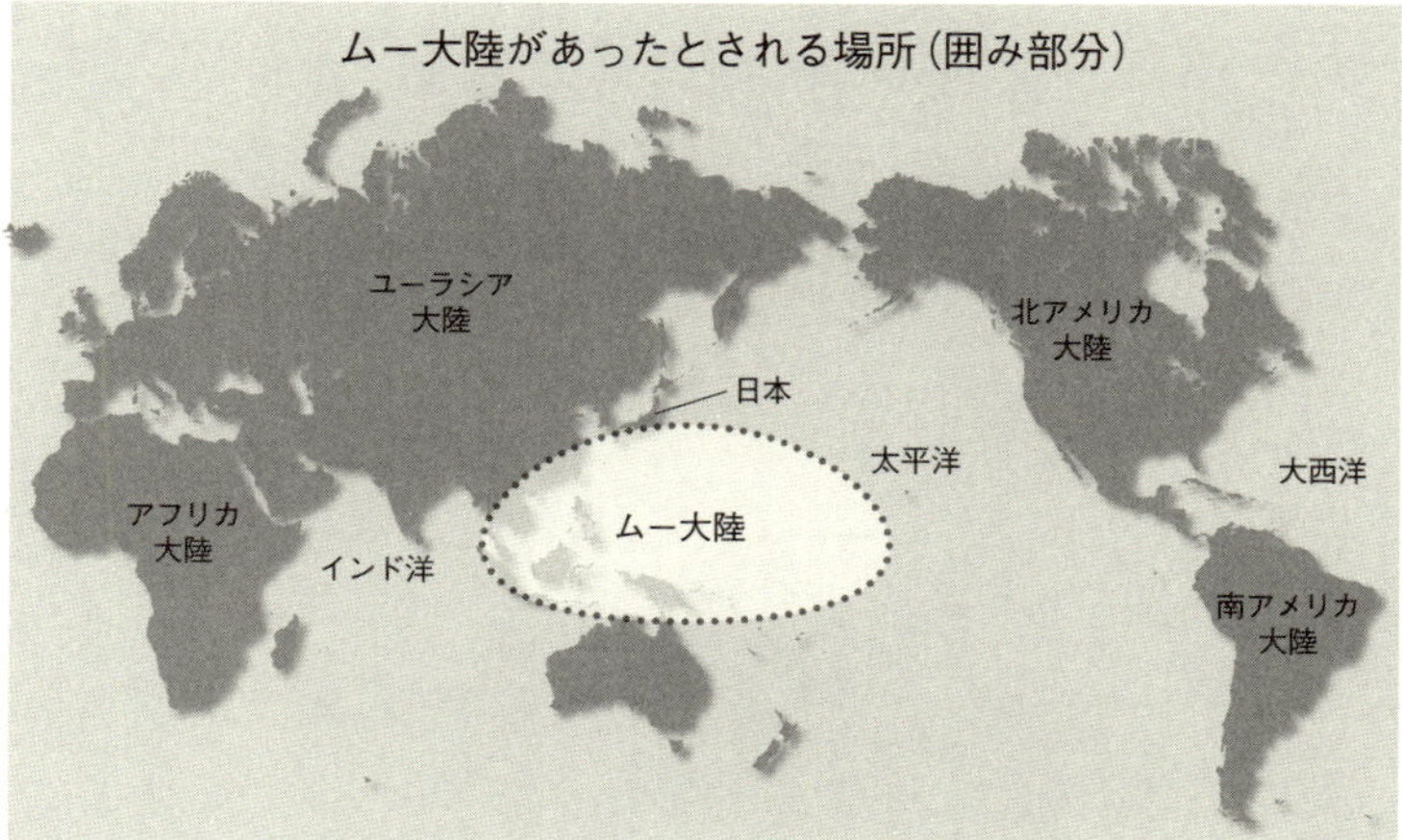

今から１万数千年前、太平洋上にあったとされる幻の大陸。ここに文明が発達し、ムー帝国を築いていたという伝説が遺っている。（『竜宮界の秘密』〔幸福の科学出版刊〕参照）

水木しげる　うん？　だから、ムー帝国が沈没《ちんぼつ》して、みんな妖怪になって、各島々に住み着いたわけだからな。そのへんを引いてるわけだなあ。

「天御中主神《あめのみなかぬしのかみ》」「天照大神《あまてらすおおみかみ》」については発言を遠慮《えんりょ》する

竹内　「日本神道《しんとう》も、やはり、ムー帝国から流れてきている」というのが……。

水木しげる　そうなんだよ。日本神道の源流は妖怪世界で、妖怪世界から人間界に何度も修行《しゅぎょう》を繰《く》り返して、〝人間チック〟な霊《れい》になったのが、少し神様風に見せたりしているだけで。みんな、もう一喝《いっかつ》、法力《ほうりき》をかければ、尻尾《しっぽ》が出たり、耳が出てきたり、それはするのさ。日本の神様なんて言ったって、みんな鼻が立ったり、ピシッと耳が立ったり、尻尾が出たりするんだよ。

竹内　あなたは、天御中主神《あめのみなかぬしのかみ》や天照大神《あまてらすおおみかみ》は、どうご覧になるんですか。

水木しげる　うーん、出たな。それは……。

斎藤　日本神道系の主柱です。

竹内　日本の中心神なんですが……。

水木しげる　（右手で聴聞席《ちょうもんせき》側に当たる左頬《ほお》をなでながら）いやあ、今ちょっと、こちら側がね……。物《もの》の怪《け》が触《さわ》るように、左頬のほうから冷たい冷気がサアーッと……（会場笑）。

斎藤　それは、神々の威神力《いじんりき》が働いているのではないでしょうか（苦笑）。

水木しげる　ええ？　なんか、私に「しゃべると殺すぞ」と言って、向こうのほうから少し来るんだけど……（会場笑）。

斎藤　（苦笑）いや、恐怖《きょうふ》を感じるのは大事なんじゃありませんか。

水木しげる　〝免罪符《めんざいふ》〟か何かがないと。ええ？

竹内　あなたの考えを聞かせてください。

水木しげる　マンガ家だからさあ、表現を豊かにしてしまう可能性があるから、あとで〝祟《たた》り〟が来るんだったら、ちょっと遠慮《えんりょ》しなきゃいかんでなあ。

ムーの象徴《しょうちょう》として「鳥居《とりい》」の大切さを強調する

斎藤　「ムー」「日本神道の流れ」という、生前の水木しげる先生の研究には、一切《いっさい》出てこなかった新しいことが、今日、出てきましたけれども……。

水木しげる　ああ、そうだよ。だから、鳥居《とりい》だよ。鳥居、鳥居。

斎藤　鳥居？

水木しげる　鳥居をくぐれば、「異界」よ。そこは、もう異界世界。

斎藤　異界が始まる。

水木しげる　ああ。鳥居を越《こ》えたら、もうそれは異世界には行ける。鳥居の意味はそういうことなんだよ。入る前はこの世、通り抜《ぬ》けたらあの世なのよ。もう異界世界なんだよ。

だから、「異次元の世界、ワールド」で、「異次元の神々や、いろいろなものが取り仕切ってる世界に入る」っていうことが、「鳥居をくぐる」ということなんだよ。あれは、「信仰行為《しんこうこうい》」なんだよ。「ムーの源流」なんだよ。ムーは、あれなんだよ。鳥居なんだよ。

斎藤　なるほど。異世界に入っていくというか、神聖な世界に入っていく。

鳥居は、神域と人間が住む俗界とを区画するものであり、神域への入り口を示すものとされている。（写真：伊勢神宮）

水木しげる　今度、アニメでムーを描くときは、鳥居を描いときなさい。鳥居、鳥居ね。

松本　ああ……。

水木しげる　鳥居はねえ、インドにまで行ってるからね。だから、ムーのあれは、きちんとインドにまで行ってるから。ピラミッドばっかり描くんじゃないよ、おたく。ええ？　勉強後《おく》れとるわ。

松本　はい。すみません（苦笑）。

水木しげる　あれ（ピラミッド）は、アトランティスだろうが!?　ムーはねえ、ピ

●アトランティス　大西洋の伝説の大陸アトランティスで栄えた文明。約1万2000年前に最盛期を迎え、生命エネルギーやピラミッド・パワーが実用化された。その後は大陸が沈み始め、約1万400年前に一昼夜にして海中に没した。

ラミッドは間違いだ。ムーは鳥居なんだよ。

松本　いや、私どもは、ムーもやはりピラミッドというように……。

水木しげる　ピラミッドを出しただろう。だから、間違いなの。間違ってるの！　それは、もう思想的間違い。ムーは鳥居なんだよ。

松本　今、言われている「鳥居」というのは、縦二本、横二本という形のもののことをおっしゃっていますか。

大川隆法製作総指揮の映画「太陽の法」（2000年公開）で描かれたアトランティスの都市。

水木しげる　まあ、いちおう、その形は原型だな。

松本　原型？

水木しげる　変化形が多少ある。変化形はちょっとあるけども、それが、天御中主や天照の「天《てん》」を意味しているわけだな。

松本　はい。

水木しげる　鳥居は大事ですよ。鳥居を捨てたら、ムーではなくなるからね。

松本　はあ……。

6 妖怪《ようかい》博士・水木しげる氏が語る〝妖怪学〟

「物」があれば、その「霊体《れいたい》」を引き寄せることができる

斎藤　あと、水木先生は、アジア・オセアニア圏《けん》では、よくパプアニューギニアに行かれたりとか、「五十歳《さい》を超《こ》えてから、世界の妖怪《ようかい》を調べるために、海外のいろいろな所へ旅行に行った」という記録が遺《のこ》っています。

水木しげる　ああ……。

斎藤　特に、トーテムポールのような形をした「人形」や、諸民族のいろいろな「お面」を買ってみたり……。

水木しげる　やっぱり〝引き寄せてくる〟ことは大事でねえ。引き寄せてきて、自宅にコレクションをつくらなきゃいけない。妖怪コレクションを……（注。水木しげるの自宅や記念館には、生涯《しょうがい》で百五十回以上の冒険《ぼうけん》旅行で蒐集《しゅうしゅう》した、世界中の仮面や置物など、膨大《ぼうだい》な収蔵品が陳列《ちんれつ》されている）。

斎藤　ものすごくコレクションが多いんですね。

水木しげる　いや、「物としてのコレクション」だけではなくて、「霊体《れいたい》としてのコレクション」も集めなきゃいけないので。

斎藤　家に、〝霊体のコレクション〟を持って帰ってしまったんですか？

水木しげる　うーん。物は必要だよなあ。物があると、それに対して〝物念《ぶつねん》〟があるからね。それが引き寄せるので。象徴《しょうちょう》する物が呼ぶから。トーテムポールでもお面でも、何でもいいんだよ。それを表す物があれば。

例えば、秋田《あきた》だと「なまはげ」のお面があれば、「なまはげ」を呼ぶことはできますからね。何もないと呼びにくいでしょう？　やっぱり、そういう象徴する物があると、「なまはげ、出てこい」って言ったら出てくるわけ。

そういうふうに、いろいろなところで記念の物や写真とか、いろいろあると……。ジャングルの写真でも何でもいいけど、いろいろあったら、それを呼べるからさあ。

「水木しげるの霊言《れいげん》」は提案されるべきだった？

斎藤　水木しげる記念館が二〇〇三年、鳥取《とっとり》県の境港《さかいみなと》市に建ちました。

水木しげる　うん。

●**水木しげる記念館**　水木ワールドの集大成として、水木しげると妖怪の世界を紹介する博物記念館。水木氏の作品に関係する妖怪オブジェ、ジオラマや、水木氏自身の人生の足跡、さまざまなコレクションなどが展示されている。

斎藤　行って、見ましたが、ものすごい……。

水木しげる　あら、君、そんな暇《ひま》なの？

斎藤　いや、暇ではないですが（苦笑）、やはり現地に〝取材〟して研究しないといけないじゃないですか。

水木しげる　いやあ、そんなん、だってもう……。今日、ほんとは「私が言う」んじゃなくて、君から〝取材・提案〟が来なきゃいけない。それねえ、君、職務怠慢《たいまん》だよ。

水木しげる氏が世界中から収集した仮面や置物などの民芸品の一部は、水木しげる記念館（鳥取県境港市）の「精霊の間」に展示されている（「水木しげる記念館　公式ガイドブック」より）。

斎藤　いや、いや……。

水木しげる　そういやあ、君、それ、公費を使って行ったんとちゃうか？　ええ？

斎藤　いや、いや、いや。当然、自費で行きましたよ（会場笑）。

水木しげる　ほんとに私費か？

斎藤　本当ですよ。

水木しげる記念館（鳥取県境港市・右）で「ゲゲゲの鬼太郎」など妖怪家族の紹介をする水木しげる氏（左）。

水木しげる　ええ？　それ、ちょっと経理にチェックさせたほうがいいって（会場笑）。経理はチェックしたほうがええな。

斎藤　もう、鞭《むち》打って行きましたよ。行きたくなかったんですけどねえ。

妖怪《ようかい》が使う「武器」と、彼らを撃退《げきたい》する方法とは

斎藤　ただ、そのときに、記念館のなかにはものすごいコレクションが展示されてというか……。

水木しげる　そらあ、そうだよ。

斎藤　「民芸品の博物館ではないか」というぐらい、蒐集された南国系のものやアフリカのものまで仮面などがたくさんございました。

やはり、それは霊的なアニマを引き寄せてきたということですか。

水木しげる　君ね、妖怪《ようかい》世界も、「知は力なり」なのよ。だからねえ、いろいろな妖怪を知ってる「妖怪博士」という力はすごいのよ。妖怪を何千も知ってるっていうんだったら、（妖怪がこちらを）脅《おど》してやろうとしていたって、「おまえは〇〇だろうが」って言われた途端《とたん》に、（妖怪の）面《めん》が割れるだろ。

つまり、「面が割れる」っていうのは、「ばれたら、途端に相手の神通力が弱まる」ってことよ。こちらの支配下に置けるのよ。

斎藤　正体が分からないことが妖怪の強みですか。

水木しげる　そうなんだ。

例えば、「エクソシスト」とか、映画を観《み》りゃあさあ、キリスト教のカトリックのほうは、エクソシスト認定された人が十字架《じゅうじか》と聖水《せいすい》とラテン語の『聖書《せいしょ》』で、憑《つ》いてる悪魔《あくま》に「名を名乗れ。名を名乗れ」って言って、攻《せ》め寄せて、こうやって（右手を前に突《つ》き出し）十字架をかざして、（悪魔に）名を名乗らせると、あとは撃《げき》退《たい》が近いよね。

「誰《だれ》それだ」「ベルゼベフだ」「ルシファーだ」って言って特定したら、あとはそれを追い出せる。名を名乗ったら、正体を見破ったら、追い出せるっていうことになってる。

だから、これは、わりに普遍《ふへん》的なテーマで、正体がばれたら、いられない。まあ、宇宙人も逃《に》げるらしいけれども、そういう幽霊《ゆうれい》や妖怪、悪魔もみんな一緒《いっしょ》よ。

やっぱり、妖怪でも種類がたくさんあって、あなたが見たことのないものがいっぱいいるから、それが初めて出てきたときの恐怖《きょうふ》で支配されるわけよ。

つまり、妖怪の道具の一つは「恐怖」なんですよ。脅かすと、相手は見たことがないものだから、びっくりするでしょう？　びっくりしちゃったら、凍《こお》りついちゃうわけよ。体が完全に凍りついて、動かなくなるので。恐怖で支配されてるわけよ。

ところが、相手の正体を知ってて、「これは一反木綿《いったんもめん》だ。なあんだ、一反木綿ごときは、トイレットペーパーが飛んでるのと変わらんわ」と思った途端に、全然怖《こわ》くなくなるわけよ。知っていればね。

でも、知らなかったら、「何だ？　この訳の分からんものは……。白いものが飛んでる……」と思ったら、恐怖でいっぱいになって、凍りついて動かなくなる。

だから、彼ら（妖怪）の主要な武器は「恐怖心」なので。

まあ、「未知である」ということと「恐怖心」はわりに近いのね。

斎藤　ああ、未知と恐怖ですか。

ゲゲゲの妖怪楽園（鳥取県境港市）に設置されている「一反木綿」の遊具。

水木しげる　例えば、海の底、深海だって未知でしょ？　宇宙だって未知でしょう？　夜だって、暗闇《くらやみ》のなかは未知だし、ジャングルのなかも未知だし、夜道も怖い世界だよね。森のなかも怖い世界だ。「未知」っていうのは恐怖を生むわけよ。でも、知ってるっていうことは、恐怖を呼びにくいわけだから。やっぱり、知ってるということは「知は力なり」で、それは「妖怪学」にも通用するので、知っとると、いけるわけだ。パッと見て、「これは、この妖怪」って分かればね。

ゲゲゲの鬼太郎《きたろう》は〝日本のイエス・キリスト〟？

竹内　あなたは、善悪として、どちらかというと、妖怪を撃退する話もされていましたけれども。

水木しげる　うん、うん、うん、うん。

竹内　または、『ゲゲゲの鬼太郎《きたろう》』で描いた世界は、「鬼太郎が善で、悪い妖怪を退《たい》治《じ》するストーリー」だったと思います。
やはり、先ほどの話を聴《き》いていますと、水木さんは、まるで陰陽師《おんみょうじ》のように、悪いものを撃退している側の方のようにも聞こえるのですが、うーん、それとも、脅かしている側の方なのでしょうか。

水木しげる　チッ！（舌打ち）分かってくれないのかなあ……。残念だなあ。ゲゲの鬼太郎は〝日本のイエス・キリスト〟なんだよ。どうして分からないんだ、君には、それが……。

竹内　私にはちょっと分からないのですけれども（苦笑）。

水木しげる　イマジネーション力が足りないなあ。あれが〝日本のキリスト〟なのよ。〝イエス〟なのよ。鬼太郎が出て、初めて救われたんじゃないか、闇の世界から人類が。

竹内　日本がですか。

水木しげる　そうなんだ。鬼太郎が出て、妖怪に支配されてるこの国が、その呪縛《じゅばく》から解かれたんじゃない？　鬼太郎が解決してくれるんじゃないかあ。

竹内　その鬼太郎の〝教え〟の中心は何ですか。

水木しげる　えっ？　鬼太郎の教えの中心？

竹内　はい。

水木しげる　だから、「妖怪のなかにも正義はある」ということを教えとるわけですよお。「悪い妖怪をやっつける」っていうことが（鬼太郎の）使命だからねえ。

斎藤　だから、あれだけ子供に人気が出てくるんですね。

水木しげる　そうだ。子供に「善悪」、「道徳の観念」を教えてるんだ、鬼太郎はね。学校の勉強よりも、こちらのほうが、はるかに大事なんだということを教えてるわけですよ。

妖怪《ようかい》が持つもう一つの「武器」について

斎藤　先ほど、妖怪《ようかい》の武器が「恐怖」という話もありましたし、善悪の話もございました。妖怪の武器は、ほかに何かあるのでしょうか。

水木しげる　まあ、「恐怖」以外のものとしては、「たぶらかし」っていうのが一つだなあ。

斎藤　「たぶらかし」ですか（笑）。それは、どんな技《わざ》ですか。

水木しげる　それは、君の得意技だよ。

斎藤　また、また（苦笑）。こちらに振《ふ》らないでください（苦笑）。

水木しげる　君ぃ、たぶらかすでしょ？

斎藤　「たぶらかすでしょ」って……（苦笑）。いや、この霊言《れいげん》は公式な記録として世に出ますから、その〝お言葉〟を編集できないんですよ。事実をカットすることは許されませんので（苦笑）。

水木しげる　幸福の科学の執行部《しっこうぶ》は、公式な記録として、「斎藤なる〝編集の親玉〟は、基本的な術《じゅつ》として、『たぶらかし』を持ってる」と。「〝松坂《まつざか》（大輔《だいすけ》）の百五十キロの球《たま》〟と同じように、『たぶらかしの術』を持っている。そのへんをよく使うが、それが通じない人もいるんだ」と……。

斎藤　いや、「たぶらかしの技」というのは、例えば、どんな感じの技ですか。

水木しげる　ええ？　だから、人に気に入られようとしてるだろ？

斎藤　（苦笑）いやあ……。

水木しげる　だけど、実際は嫌《きら》われてる。でも、嫌われてる部分が見えないで、「全部気に入られてる」と自己陶酔《とうすい》してるところに、まだ君の「落ち度」があるわけよ。

斎藤　これは、どのように自己変革していけばよろしいのでしょうか。

水木しげる　やっぱり、「自分の本性《ほんしょう》」を知ることだよね、もうちょっと。

斎藤　本性を知ったあと、その次は……。

水木しげる　だからねえ、君はその「マイク」に代わって「鏡」を持って歩くんだよ、毎日。自分の顔を見ながら歩いたら、自分がいかに人を騙《だま》そうとしてるか、よく分かるからさあ。

斎藤　（苦笑）

松本　いえ、いえ、いえ、いえ（笑）。正直な方ですから。

斎藤　他人《ひと》に正義の話をしていかねばならないときに……（苦笑）。

水木しげる　やっぱり、正直にならないと。片腕《かたうで》をなくしたことは宿命だった!?

竹内　逆に、水木さんがやられたら困る技はありますか。宗教的な技、もしくは、そういう……。

水木しげる　まあ、そらあ、手が二本になったら困るなあ。何か気持ち悪いだろうと思う。二本もあったらねえ。

斎藤　ラバウルで左腕《うで》を失ったことは、事故としては本当に悲しいことですけれども、もしかして、自分の本性としては一本なんですか？

水木しげる　（自分の体を指して）いやあ、自分自身が〝妖怪〟になっちゃった、これはなあ。妖怪になっちゃったからさあ。妖怪になったから親近感を……。

これは、たぶん「宿命」だと思うんだよなあ。イエスの十字架に当たるようなもんが、片腕をなくしたことに当たるんじゃないかと思う。それで、「おまえは妖怪なんだ」と。「妖怪だと自己認識せよ」ということで、「一生逃げられないんだ、この運命からは」と。ねえ？

まあ、片腕をなくして、よく九十三まで生きたもんだわな。それで、片腕のないマンガ家として妖怪を描《か》き続けた。それは、「まともな世界は描いちゃいけない」ということを天が教えたんだなあ。

水木しげる氏の「過去世《かこぜ》」とその「役割」とは

斎藤　ラバウルで、「明け方、望遠鏡で見張り（歩哨《ほしょう》）をしていたときに、ジャングルで極彩色《ごくさいしき》のきれいな色のオウムの群れを見つけたので、『美しいオウムだなあ』と思って見とれていたら、その間に、突然、自分のいた部隊が襲撃《しゅうげき》されてほとんど全滅《ぜんめつ》し、自分だけが助かった」というような話が自伝に書いてありました。ですから、「助かり方」も不思議なんですよね。

水木しげる　「私は、護《まも》られてる」っていう気持ちはすごく強かったね。単に、「日本の神様だけに護られた」っていう感じがないね。

だから、この南洋のねえ、島々にいる神様……。まあ、神様なのか、妖怪なのかはちょっと分からんけれども、そういう超《ちょう》自然的な存在、スーパーナチュラルなものが、私を護ってたの。私の運命を知って、護ってたような気がするなあ。

松本　やはり、ご自身の「魂《たましい》のルーツ」が、そのあたりにあるのでしょうか？

水木しげる　もちろん、いろいろ過去には生まれてると思いますねえ。南洋にも生まれてシャーマン●をやったり、いろいろしてると思うねえ。自分はそう思うな。

斎藤　シャーマンをされていたのですか？

水木しげる　うん。だから、ムーの霊文化を、いろんなところで伝えとったような

●シャーマン　神降ろしをする祈禱師や呪術者、巫女などのこと。神仏や霊的存在と交流する力を持つ。

気がするなあ。

斎藤　ああ、なるほど。ムーの霊文化を伝える役割だったということですか。

松本　ムーのシャーマンでいらっしゃったんですね。

水木しげる　うーん。

斎藤　神官《しんかん》のような感じですか。そういうわけではない？

水木しげる　そんな、〝ええもん〟ではないけども。

水木しげる氏は、第二次大戦でラバウルに出征した際、現地人であるトライ族（上）に食事をご馳走になったり、祭りに招かれたりするなどして親交を深めた。日本に帰国後も、「移住したい」と強く希望して、家族を困らせたという。

いやあ、だから、「私も神降ろししてたんだ」って言ってるわけでしょ？

斎藤　今世《こんぜ》でマンガを描かれる前は、神降ろしをされていたのですか？

水木しげる　うん。そんで、そういう儀式《ぎしき》をするためには、いろいろと道具が要《い》るわけよ。ね？

例えば、絵を描いたり、お面をつくったり、いろいろな小道具をつくったりね。あるいは、踊《おど》りの表現をつくったり、歌をつくったり、まあ、いろいろ表現形式が要るわけよ。

だから、一種の「芸術家」なわけよ。

松本　それをされていたんですね？

水木しげる　うーん、そう、そう、そう、そう、そう、そう。

松本　なるほど、なるほど。少し分かったような気もします。

7　水木しげる氏が見た霊界《れいかい》の〝真実〟

幸福の科学の霊界《れいかい》観を批判する水木しげる氏

水木しげる　あのねえ、君らと私に何の違《ちが》いがあるのかはよく分からんけれども、ただ、「私のほうが成功した」っていうだけしか差はないよねえ。

松本　まあ、霊界《れいかい》の世界観が違うんだと思うんですけどね。

水木しげる　いや、それは君らが、まだ騙《だま》されてるんだよ。

松本　えっ？

水木しげる　死んでまもないねえ、〝人間の形をしたやつ〟にしか会ってないから、そうなるわけで。ほんと、自然のままの、霊界に長ーくいるものを見たら、それは人間のような形はしてないから。

まだちょっと、アクセスが十分じゃないんじゃないかなあ。

松本　ほおお……。

斎藤　ご生前に幸福の科学を知っていましたか。

水木しげる　ああ、知ってるよ。知ってるけどさあ、なんか、きれいな言葉できれいごとを並べていてさあ、ちょっと深みが足りないよな。

斎藤　ということは、ご生前、「幸福の科学の本を読んだ」ということですね？

水木しげる　そらあ、当たり前でしょう。そんなもう、そらあ。
　あんたねえ、私は作家とはいえないかもしらんが、まあ、マンガ家かもしらんけど。とにかく、今、日本で作家といわれるような業種に属してて、大川隆法さんの本を知らない人とか、読んだことがない人ってのは、一人もいないよ、まず。

斎藤　ところで、霊界の世界観の「微妙《びみょう》な違い」というのは何ですか。当会のほうは「カラッとしてる」とか、先ほど言ってましたけど。

水木しげる　いや、ちょっと人間界の延長みたいなのに、霊界が見えるとこがあるからさあ。それだけだと、あの世へ還《かえ》ったときに困るんじゃない？　もうちょっと奇妙奇天烈《きみょうきてれつ》なものを見たときに、びっくりするでしょう？　「砂かけ婆《ばばあ》」みたいなのとか、「小豆《あずき》洗い」とか、ドーンと出てきたらびっくりするでしょう？
「先生が全然教えてくれてない。これは何ですか。なんで、小豆を洗《あろ》うとるか分からない。ゴソゴソゴソゴソッとするんですけど」っていう。

松本　（笑）いや、広い広い霊界のなかの一部に、そうした世界があるということを教えていただいております。

竹内　たぶん、「妖怪《ようかい》だ」とすぐに分かると思うので、大丈夫《だいじょうぶ》です。

水木しげるロード（鳥取県境港市）に設置されている「砂かけ婆（右）」と「小豆洗い（左）」の銅像。

水木しげる　分かるかなあ？

竹内　ええ、大丈夫だと思います。

水木しげる氏は「愛と慈悲《じひ》の人」なのか

水木しげる　まあ、テレビだって、「ぬ〜べ〜」（「地獄《じごく》先生ぬ〜べ〜」）とかをやってたでしょう？

斎藤　ええ、二〇一四年に実写版がやってました。

水木しげる　まあ、いろいろ、そういう鬼《おに》とかさ、そういうものの究明が足りないんじゃない？　君たち、解明が。鬼がどんなもんかとか、もうちょっと、ちゃんとしないといけないいんじゃないの？（注。「地獄先生ぬ〜べ〜」の主人公・鵺野鳴介《ぬえのめいすけ》

は、左手に鬼の力を封《ふう》じた「鬼の手」を持っている）

斎藤　鬼とかはあれですか？　どんな存在かご存じですか？　鬼太郎《きたろう》って、「鬼」という字が付いてますけど。

水木しげる　いや、いちおう親戚《しんせき》ですよ。親戚っていうか、妖怪世界のやや異端《いたん》というか。妖怪世界の……、君たちで言うと、レプタリアン的な存在が、鬼だよな。

『地獄先生ぬ～べ～ＮＥＯ』（岡野剛作／集英社）

日本の伝承に出てくる金棒を持った鬼のイメージ

松本　ほお。

斎藤　強いんですね？

水木しげる　もうちょっと凶暴《きょうぼう》なんだな。

斎藤　凶暴ですか。

水木しげる　うん。妖怪世界は、もうちょっと〝かわいいとこ〟があるからさあ。

斎藤　確かに、水木先生の作品には、怖《こわ》いっていうか、恐怖《きょうふ》もありましたけど、意外と面白《おもしろ》くて明るかったりするような感じもありますね。

●**レプタリアン**　宇宙に広く存在する、爬虫類的性質を持つ宇宙人の総称。「力」や「強さ」を重視し、一般に攻撃性、侵略性が強い。大マゼラン雲のゼータ星が本拠地と目されている。外見は、爬虫類型のほか、肉食獣型や水棲人型、人間に近い姿の種族も存在するという。地球に移住し、「進化」を担う使命を持った「信仰レプタリアン」も存在する。

水木しげる　そう、そうなんだ。だから、君、超怖《ちょう》いところまで行くと、ちょっと世界は分けないといけないいんだよなあ。

斎藤　何か、愛らしいキャラクター的なものが出てくる感じはしますね。

水木しげる　そうなの、そうなの。それはねえ、やっぱり私が愛の人だからねえ、基本的にね。愛と慈悲《じひ》の人だからね。

斎藤　愛と慈悲（笑）。そのあたりは、どんな愛と慈悲なんでしょうか。ちょっと突《つ》っ込《こ》んで訊《き》きたくなりますけど。宗教者的観点からお聞きしたいです。

水木しげる　まあ、そらあ、やっぱり、ゲゲゲの鬼太郎がイエス・キリストだとしたら、私なんかは、ほんと仏陀《ぶっだ》の生まれ変わりかもしらんと思うときが、けっこうあったなあ。

斎藤　え？　え？　え？　驚《おど》いちゃいけないですけど（笑）。

水木しげる　いやあ、東洋だからな。東洋の〝あれ〟だからなあ。

竹内　それでは、どんな仏教の教えを学ばれたんですか。

水木しげる　ええ？　だからね、この世は、永遠に続くもんではないんだと。「諸《しょ》行無常《ぎょうむじょう》」、「諸法無我《しょほうむが》」。もう、死んだらみんな化《ば》け物《もん》になるんだと。

松本　うん？

水木しげる　そういう思想を広めとったわけだから。

竹内　やっぱり、最後はずいぶん……。

水木しげる　仏教にそっくりじゃないかあ。ええ？

竹内　全然違うんですけど（笑）。

霊界観《れいかい》について力説する水木しげる氏

水木しげる　だから、「死んだらこんな格好なのか」と思うと、「この実体は偽物《にせもん》だ」と。

（天井《てんじょう》のほうを指し）クモが歩いとるね、あそこなあ。私の話を拝聴《はいちょう》しに、クモがあそこを這《は》ってる。

斎藤　いや、いや、いや。

水木しげる　ああ、やってきた。

まあ、「この体は実体でないんだ」と知るのに、妖怪の姿を見せてやればいいじゃん。人間があの世に行って、そのままで生活してるのを見たら、あの世へ行った気が全然しないんじゃないの？　君らが描く映画なんかも、（霊界で）近代ビルが建ってるなかに人間が歩き回ってるじゃん？　あんなの駄目《だめ》よ、あんた。

松本　まあ、そういう世界もあるんですよね（笑）。

水木しげる　そらあ、勉強が不足してる、勉強が。

松本　「霊界《れいかい》は広い」というふうに伺《うかが》っています。

水木しげる　あの世に還った人間だって、あれは妄想《もうそう》なわけよ。まだ現世界の妄想をねえ、そのまま投影《とうえい》して見ているだけなの。あれはまだねえ、皮が剝《む》けてないの。まだ本物の幽霊《ゆうれい》になり切ってないのよ。本物の幽霊になったら、やっぱり、お岩《いわ》さんみたいに、グエーッと出てくるんだ。

松本　ああ、それが本物なんですね？

水木しげる　うん。で、舌がベローッと出たりねえ、首がビョォーンと天井まで出てきてウナーッと伸《の》びて、ろくろ首が出てきたら、これが本物の世界に入るわけ。

松本　なるほど。

斎藤　（笑）それが真実の世界なんですか。

水木しげる　だから、君みたいに、「取材したい」っていう気持ちだったら、首がグーッとあっちまで伸びていく。これが、真実の世界。思いの世界なんだから。

斎藤　思いが形になってきて、自由自在になっていったときに、本当の自分の姿が見えてくるってことですか。

水木しげる　もう物理的な限界が限界じゃないんだ。物理的な限界が限界じゃないということを知って、「思いがそのまま実現したらどうなるか」っていったら、そうなるわけよ。だから、君、ろくろ首をねえ……。

斎藤　あっ、妖怪の姿っていうのは、そういう「願望」や「願い」というものが〝剥き出しの姿〟になったときに、機能が特化されてくるんですね。

水木しげる　そうそう。願望なのよ。願望実現。願望をねえ、与《あた》えようとしてんのよ。

ただねえ、オールマイティー・ゴッドにそう簡単になれないから、何か一つの秘《ひ》技《ぎ》を与えられてることが多いわけね。いちばんの強みのものが、何か一つあるわけね。

例えば、マスコミ人だとすればねえ、こんな「大川隆法囲み取材」みたいなので、記者がいっぱい来たりしたときに、もし首が伸びたらどうだ？　ギューッと伸びて、（マイクを差し出すようにして）こう行けたら、あなた、いいだろう？

斎藤　ええ、それは非常に便利ですねえ。そう思います。

水木しげる　それから、『ONE PIECE《ワンピース》』みたいに手が伸びてもええわ。ビューッと手が伸びて、マイクが届いたら、それは独占《どくせん》取材やんか。ほとんどなあ？（注。『ONE PIECE』の主人公・ルフィは、ゴム人間で、全身を自在に伸縮《しんしゅく》できる）これが実現する世界が妖怪の世界なわけよ。

竹内　そうしますと、妖怪世界が今、日本でこれだけ人気があるのは、みんなに、そういう願望実現とか、ある意味、超能力願望みたいなものがあるからですか。

水木しげる　ああ、それは間違い。

竹内　違うんですか。

水木しげる　あんた、（地上の）三次元に足場を置いて考えてるからそうで。こちらがほんとの世界で、それが自由にならないのが、あなたがたの世界、三次元世界。だから、あんたがたは牢屋《ろうや》のなかへ入れられてるわけ。

竹内　はい。

水木しげる　三次元っていう〝牢屋〟があってな、自分の肉体のサイズと機能に縛《しば》られて、あと、三食ご飯《はん》食べないと生きていけない、水飲まないと生きていけない、寝《ね》ないと生きていけないっていう、非常に厳しい条件で〝刑務所《けいむしょ》〟のなかへ入れられてるの。これ、三次元なのね。

だけど、妖怪世界は〝刑務所〟じゃないわけ。「自由」なの、もっとね。

だから、幸福実現党が「自由」を目指すんだったら、目玉のおやじか何かを、もうちょっとデザインに使ってもらえんかなあ。そうすると自由が出てくる。

斎藤　「自由」ということが、すごい重要なんですね。

水木しげる　そら、大事だよ。妖怪世界は「自由」を求めとるんだよ。

斎藤　ところで、自由に規制はないんですか。

水木しげる　まあ、ある。自分より強いものにやられる場合は、自由は奪《うば》われるから（笑）。

斎藤　より「自由の強いもの」が、「小さな自由」を取っていく世界ですか（笑）。

水木しげる　うん、そう（笑）。そらあ、やっぱり強いものにやられるから。

斎藤　分かりやすい世界ではありますけれども……。

水木しげる　強い者にやっぱり、ちょっと縛られてしまうので。

水木しげる氏が語る「妖怪《ようかい》世界のトップ」とは

竹内　そうすると、構造的には、妖怪《ようかい》世界のトップに君臨してるのは、どういう存在なんですか。

斎藤　興味ありますねえ。水木先生、お願いしますよ。

水木しげる　うーん？　言わすのかあ？

斎藤　どんな妖怪が、いちばん上なんですか。

水木しげる　いやあ、だから……、さっき、「ちょっと寒気《さむけ》が来た」って言ったじゃんか。

竹内　いや、そことはつながっていないと思うんですけど。

水木しげる　やっぱり、それは鳥居《とりい》の奥《おく》にあるもんでしょうよ。奥のほうの……。

斎藤　ええ？　いや、いや、いや。妖怪世界の総帥《そうすい》は誰《だれ》ですか。

水木しげる　何よ。妖怪世界のトップは、それは、天御中主神《あめのみなかぬしのかみ》でしょう？　そらあ、そうでしょう。

斎藤　ええ？　なんで？

水木しげる　そらあ、そうだよ。

竹内　いや、それは違うと思います。

水木しげる　そらあ、そうですよ！

斎藤　（笑）なんで、そこで天御中主神様が出てくるんですか。

水木しげる　当ったり前でしょうが！

斎藤　水木先生、違うでしょう？

水木しげる　天御中主神様は、あなたねえ、八手《やつで》の葉っぱを持ってるよ、ちゃーんと。

斎藤　八手の葉っぱ？

水木しげる　うん。八手の葉っぱを持って振《ふ》ってるしさあ、いつも。だから、南のほうの人なんじゃないか。暑いから、八手の葉っぱの団扇《うちわ》で扇《あお》いでるしさあ。

斎藤　いや、初めて聞きましたねえ。

水木しげる　うん？　朴歯《ほおば》の下駄《げた》を履《は》いとるよ。山を登るときに使うんだってさ。

斎藤　それ、〝人違い〟じゃありませんか？（笑）

水木しげる　頭になんか載《の》っけてるよ。烏帽子《えぼし》みたいの載っけとるしさあ。鼻はときどき、ニョキニョキニョキッて伸びてくるよ。

斎藤　ああ、それは天狗《てんぐ》ですね。

水木しげる　うーん、そうだねえ。

斎藤　（間違って）天狗のほうを見ておられますねえ。

水木しげる　ええ。日本霊界でいちばん偉《えら》いのは天狗ですから。

斎藤　えっ？　日本霊界でいちばん偉いのは天狗なんですか。

水木しげる　そうですよ。知らなかったの？

斎藤　大天狗《おお》ですか？

水木しげる　そうですよ。

松本　「大天狗様」と「天御中主神様」は違うと思うんですけど。

山伏の格好で八手の団扇を持ち、高下駄を履いた天狗のイメージ

水木しげる　大天狗こそ天御中主の正体じゃない？　何言ってるんですかあ。日本は天狗が支配してる世界なんですよ。知らないの？

斎藤・松本　知らないですよ。

水木しげる　あ、それ知らなかったの？

斎藤　初めてです。ここ三十年近くで、初めて聞きました。

松本　それはないと思います。

水木しげる　日本の妖怪のなかでいちばん偉いのは天狗なんですよ。

日本は、妖怪《ようかい》が支配する世界なのか

竹内　すみません。あなたの言っている大天狗という方は、地上に生まれた転生《てんしょう》はあるんですか。

水木しげる　うーん、天狗は、地上に出たら、そらあ「天皇」とか「将軍」とか、そんなんに生まれますよ。

竹内　うーん。

松本　まあ、そこは一部、分かりますけど（笑）。ただ、その方が、いわゆる日本神道《しんとう》の神々とは違うと思うんです。

水木しげる　だって、朴歯の、片歯しかない下駄で山を登って、山の頂上に行って、そこに座《すわ》れる者が何かって考えてみたら分かるでしょう？

松本　何か、修験道《しゅげんどう》の行者《ぎょうじゃ》とか、そういう方々ですか。

水木しげる　うーん、その上に立つ者でしょう。それで、その山の頂《いただき》には、ちゃんと鳥居が立っとるから。

斎藤　なるほど。分かりました。そちら側（妖怪世界）から見ると、そういうふうに〝変化〟して見えてしまうんですね。

松本　そうそう。水木先生からすると、「その向こうのほうに、そういう神様がおられるんだろう」ということは推定されるにしても、ご自身の認識としては、そこまで行っていない。まあ、天狗様ぐらいまでしか分からない？

水木しげる　まあ、人間界に向いては、それを「発展・繁栄《はんえい》」と言うて説くわけよ。で、わしらのほうに向かっては、「もっともっと、もっともっと、おまえらはやりたいようにやれ」と。

斎藤　なるほど。向き・・・・・が違うと、全然違って見えちゃうんですね。

松本　そういうことなんですか。

水木しげる　おお。「妖怪《ようかい》二千匹暴《びきあば》れろ！」「妖怪大戦争をこれから始めるぞー！」と、わしらに対しては、八手の葉っぱを振っとる。ワーッと。

斎藤　でも、いちばん上の世界っていうのは、すべての衆生《しゅじょう》と生物、万象万物《ばんしょうばんぶつ》を束ねておられるんで。まあ、確かに妖怪の世界と、まったく無縁《むえん》ということではないかもしれませんけれども。ただ、そういうふうに見えるだけで……。

水木しげる　いや、日本は、八割は妖怪世界ですから。

斎藤　日本は八割が妖怪世界なんですか?

水木しげる　うーん、八割は妖怪の世界ですから。

斎藤　日本って、そんなに妖怪が多いんですか。

水木しげる　そう。日本は、「妖怪が支配する世界」ですよ。

斎藤　おかしいなあ。初めて聞きました。

水木しげる　基本的に、あと二割ですよ。あとねえ、ちょっと外国人が転生したやつで、一部理解していないのがいるからね。まだちょっと外国的なのが少しいたりね。

8　水木しげる氏の過去世《かこぜ》の体験をひもとく

水木しげる氏の江戸《えど》時代の過去世《かこぜ》とは？

斎藤　例えば、水木先生の直弟子《じきでし》に、荒俣宏《あらまたひろし》という方がいらっしゃいます。

水木しげる　ありゃ、ありゃ、ありゃ、ありゃ。

斎藤　この方は、本当に、水木先生のご生前の直弟子で。

水木しげる　あれは、「バケモノの子」じゃない、化《ば》け物なんだよな。

松本　そのものなんですかねえ（笑）。

水木しげる　あれは、化け物そのものだよ。

斎藤　いや、いや、いや。

水木しげる　化け物だよ、ありゃあ。

斎藤　そうなんですか。

水木しげる　うーん。あれは熊だよ。

斎藤　ああ、熊ですか。

●荒俣宏（1947 ～）　博物学者・図像学研究家・小説家・収集家・神秘学者・妖怪評論家・翻訳家・タレント。伝奇小説『帝都物語』は日本 SF 大賞を受賞。水木しげる氏の「世界妖怪冒険旅行」で荒俣氏は、イタリア、カナダ、バリ、パプアニューギニア、ジャマイカなどに何度も同行している。水木氏が 1996 年に「世界妖怪会議」を日本で開催した折にも、荒俣氏は尽力した。

水木しげる　うん。熊の化け物だよ。

斎藤　へええ。

竹内　あなたが絵を描くときに参考にした、鳥山石燕《とりやませきえん》という江戸《えど》時代の画家がいます。ああいった方とは、今、どういう関係性なんですか（注。鳥山石燕〔一七一二～一七八八年〕は、江戸中期の浮世絵師。代表作の『画図百鬼夜行《がずひゃっきやこう》』など、妖怪《ようかい》百科・図録〔四部作・全十二巻〕を発表し、江戸の一大妖怪ブームの牽引《けんいん》役となった。喜多川歌麿の師）。

水木しげる　うーん……、「どういった関係」っていって、うーん……。君は、表側のもので攻《せ》めてくるから、もういっちょ、分かりにくいんだがなあ。

竹内　（笑）

斎藤　まあ、いろいろな妖怪を描いた方です。

竹内　そうです。河童《かっぱ》とかいろいろですね。

斎藤　まあ、江戸時代とかは妖怪画家は多かったと思うんですけど。

水木しげる　いやあ、そらあ、「仲間」という言い方もあるが、「自分自身」と言えば自分自身かもしらんし。

竹内　あっ！　あなたなんですか？

斎藤　鳥山石燕？

水木しげる　うーん、まあ、何ていう言い方か分からないけど。

斎藤　妖怪の図鑑《ずかん》を描かれていましたね。非常に素晴《すば》らしい画家ですけれども。

水木しげる　やっぱり、そういうねえ、〝光の妖怪〟っていうのは、そんなに数がいないからね。まあ、妖怪世界に光を灯《とも》してるんだから、私。光の灯台をつくってるんだよなあ。

水木しげる氏は、その著作などのなかで、「日本の妖怪に関しては、石燕の妖怪画が基準になっているんじゃないですか」「石燕は尊敬できますね」「いろいろな画家が妖怪を描いたが、誰一人、鳥山石燕には及ばなかった。石燕こそ、妖怪の魂を知っていたのではなかろうか」などと絶賛している。

（右）ぬっぺらぼう　鳥山石燕画
（『画図百鬼夜行全画集』角川ソフィア文庫より〔左〕）

松本　では、ご自身、その時代もお描きになっておられたんですね？

水木しげる　まあ、それは、いろいろ仕事があればな。

斎藤　確かに江戸時代とかは、ものすごく妖怪が流行《はや》りました。大ブームになったんですよね。

水木しげる　多かったんだよね。だから、ほとんど「妖怪鎮《しず》め」が、うーん。

斎藤　まあ、（時代のなかでは）平安時代、江戸時代、そして現代と。

竹内　平安時代は？

水木しげる　もちろん、もちろん。それはニーズがあってあって、もう大変でしょう。妖怪だらけだから。

竹内　平安時代は、妖怪で生まれていたんですか?

水木しげる　え? 妖怪で生まれ……（笑）。いや（笑）、おっとー! そういう言い方……。

竹内　（笑）

平安時代は魑魅魍魎《ちみもうりょう》が跋扈《ばっこ》したと言われる時代でもあり、陰陽師たちが活躍した。怪異な話は『日本霊異記』や『今昔物語』などの説話にも多数登場する。下の写真は平安京の再現模型。

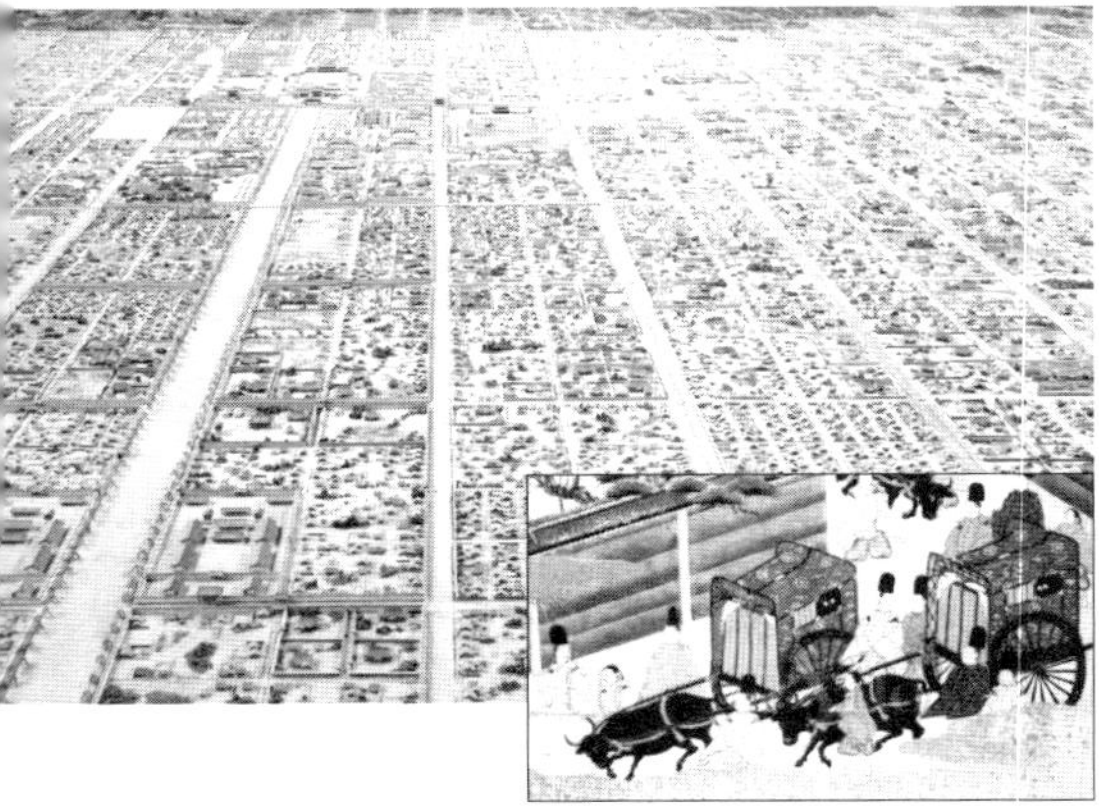

『源氏物語』に出てくる牛車（左）は、後年、妖怪画にもなっている。（上）朧車《おぼろぐるま》（『画図百鬼夜行全画集』鳥山石燕画）

斎藤　平安時代も、生まれてたんじゃないですか？　先生は、いろいろなところを旅されて。

水木しげる　妖怪で生まれるっていうか、「妖怪を観察する立場」にはいなきゃいけないからなあ。

斎藤　というのは、女優の栗山千明《くりやまちあき》さんっていう方がいらっしゃいますが……。

水木しげる　チッ（舌打ち）。

斎藤　その方の守護霊《しゅごれい》さんに、以前、霊言《れいげん》収録の際、霊的に取材をしたのですが、「平安時代に生まれたときに、妖怪を使っていた」と言っていました（『NHK「幻《げん》解《かい》！超常《ちょうじょう》ファイル」は本当か』〔幸福の科学出版刊〕参照）。

水木しげる　あれは、まあ、妖怪みたいな人だしなあ、あの人はねえ。

斎藤　妖怪っていうのは、指示したりして使うことができるんですか。

水木しげる　いやあ、それは、「上下《じょうげ》はある」からさあ。

松本　なるほどねえ。

水木しげる　うん。それは、いろいろたくさんいますから。
妖怪《ようかい》世界の参謀《さんぼう》として、妖怪たちを解放したい

斎藤　あなた様は、「妖怪《ようかい》を使う側」なんですか。妖怪の総帥《そうすい》と近い格にあるんで

すか。

水木しげる　まあ、総帥とまでは言えるかどうかは知らんが、どっちか言うと、参《さん》謀《ぼう》に近いんかなあ。

斎藤　「妖怪世界の参謀」ってことですか。

水木しげる　うーん……。

松本　あるいは、「広報マン」とか。

水木しげる　まあ、そんなのもありえるかなあ。

斎藤　ほかに過去でどんな転生《てんしょう》をされました？

水木しげる　まあ、君らの世界観にすぐ持ってこようとするから、あんまり好きじゃないんだけどな。

斎藤　いや、いや、いや、いや。先生の偉大《いだい》さが、やっぱり必要じゃないですか。

松本　いろいろな時代で活躍《かつやく》されたでしょうから。

斎藤　そう。鳥山石燕とか。ほかには？

水木しげる　いや、平安時代は妖怪にとっては楽しい時代だったからねえ、そらねえ。

松本　ほお。

斎藤　やっぱり平安ですか。

水木しげる　そらあ「楽しい時代」だわなあ。

斎藤　いらっしゃったというわけですね？

水木しげる　まあ、そらあ、いるやろなあ。ああ、どっかに。

斎藤　ああ、いる。やはり平安時代にはいますね。

水木しげる　だけど、君たちの世界観にあんまり引っ張り込《こ》むなよなあ。

松本　いや、いや、いや、いや、正直な世界観で。

斎藤　業績としては〝あれ〟ですか？　やっぱり、霊的な「異界」があることを示すために、地上でお働きになられたってことですか。

水木しげる　やっぱりそらあ、「あそこに怨霊《おんりょう》が出た」とか、「生霊《いきりょう》が出た」とか言うと、騒《さわ》いだりする種族はおるでなあ。そらあ、その時代にもな。まあ、そういうのに関係があるということかなあ。

松本　やっぱり、陰陽師《おんみょうじ》系とか。

水木しげる　まあ、ズバリの陰陽師ではないなあ。どっちかというと、陰陽師は「追い払《はら》うほうの仕事」をしてるからなあ。私は別に追い払いたいと思ってるほうではないので。

松本　やっぱり。

斎藤　あっ、「呼びたい」ほうですか。

水木しげる　ええ、面白《おもしろ》いから。

斎藤　面白い？

水木しげる　だから、妖怪を解放する。

斎藤　（笑）妖怪を解放する側ですか。

水木しげる　うん。解放する側だから。

斎藤　なるほど。〝取締官《とりしまりかん》〟じゃないほうで。

水木しげる　面白いじゃん。この世の間違《まちが》いを正すためには、やっぱり妖怪に暴《あば》れさせないと、人間が反省しないじゃない？

斎藤　創造的な破壊《はかい》の仕事をしてるんですね。

水木しげる　だから、「この世は、自分らの自由になると思うなよ」と。「少なくとも、昼間は自由になってると思うかもしらんけど、日が沈《しず》んだらおまえらの自由にはならんぞよ」ということを教えないかんからさあ。

やっぱり、妖怪を、どっちかというと、繁栄《はんえい》させるほうが好きだな。どっちかといえばな。

法力《ほうりき》のあるお坊《ぼう》さんには正体を見破られてしまう

斎藤　妖怪としては、例えば、お坊《ぼう》さんみたいな方、つまり修行《しゅぎょう》を積んで心を治めて、読経《どきょう》をし、衆生《しゅじょう》を救うような方を見ると、「嫌《いや》だなあ」とか、「寄りたくないなあ」とか、「追い払われちゃうかなあ」とか、そういうことを思ったりしますか。

水木しげる　うーん……、まあ、この世で、おまえたちが人と会って、「こいつ嫌だな」とか思うような人はいるからね。

例えば、「口が立つので嫌だ」とかさあ、「体が大きいので、喧嘩《けんか》売られると嫌だな」とか、「大きい会社の偉《えら》い人らしいから嫌だな」とか、「学校の校長先生みたいで嫌だな」とかいう感じがあるように、そらあ、そういう好き嫌《きら》いっていうか、感じるものはあるけどね。

でも、坊さんなんて、九割五分《ごぶ》ぐらいは偽物《にせもん》だからな、ほとんど。

斎藤　それは、現世のお坊さんですね。例えば、本当のお坊さんというか、霊界《れいかい》にいるお坊さんみたいな感じの人はどうですか。

水木しげる　まあ、ちょっとぐらいはいるけど、五分ぐらいな。なんか、五パーセントぐらいは、ほんとに修行しているやつは、いることはいるわなあ。

斎藤　神仏の直接的な世界を見たときには、やはり、直立不動で「すみません」と謝《あやま》るような気持ちになったりとか、従わなくてはならない気持ちになったりしますか。

水木しげる　うーん、だから、たまに法力《ほうりき》を持ったやつがいることはいるんで。ほんとに修行して法力を持ったやつがいるのでね。そういうのにかかわると正体を見《み》抜《ぬ》かれる。

例えば、「狸《たぬき》が化かしてる」「狐《きつね》が化かしてる」みたいなのは、すぐ見抜く。ただ、単なる狸・狐では、そんな力はないわなあ。人間を化かして、それを操《あやつ》るぐらいまで行ったら、これは妖怪だよね、たいていの場合ね。

だから、「狸筋《すじ》の妖怪」とか「狐筋の妖怪」とか、日本にはよく出てくるから、数がかなりいるんだ。歴史的に、そうとういるから。

まあ、そういうのを見抜いたらね、見破ったら、あっという間に術《じゅつ》を解かれてしまうんでねえ。そういう法力を持ってる人は、やっぱりいたわな。それは、厳しい修行をやったなかにね。

そういう場合、一種の超能力だな。それを得た人は、霊眼《れいがん》が開《ひら》けて、法力で相手を縛《しば》り上げたり、金縛《かなしば》りか何か、そんなのみたいにしてしまったり、追い払ったりと、いろいろな術があるからな。それを持ってた人は、修験道《しゅげんどう》でもいたけど、そらあ、お坊さんでもいる。密教《みっきょう》や、その他でも、ちょっといたことはいたけど。まあ、でも、五パーセント以内だな。あとの九十五パーセントは、（妖怪に）まったくたぶらかされて、分からない。

松本　うーん……。

水木しげる　坊さん自身に狸の尻尾《しっぽ》が生《は》えてることがよくあったんじゃないかあ。祇園《ぎおん》あたりに出没《しゅつぼつ》してた坊さんなんかは、ほとんどやられてたほうじゃないかな。お布施《ふせ》をもらっては、芸者を揚《あ》げて遊んでたようなやつらは、そのくらいや。

妖怪《ようかい》に取り憑《つ》かれやすくなる「心境」とは

竹内　当時、さまざまな疫病《えきびょう》が流行りました。そのときの病も妖怪《ようかい》と関係しているのでしょうか。

水木しげる　妖怪が出る場合もあるが、たいていの場合は、「生霊」か、恨《うら》みを持って死んだ者、つまり、祟《たた》りの「怨霊」だ。「生霊」か「怨霊」によって病気になることのほうが多かったから、まあ、陰陽師なんかは、職業的にそれを追い払うのを仕事にしてたとは思うんだがなあ。

化け物系統っていうか、妖怪に取り憑《つ》かれる場合もたまにあるけど、何か縁《えん》がないと、必ずしもそうはならないんでなあ。

竹内　どのような縁があると、妖怪に憑かれてしまいますか。

水木しげる　心が同通すりゃあ、憑きやすくはなるわなあ。

竹内　どういう心だと同通しやすいのでしょうか。

水木しげる　うーん……。そうやなあ。例えば、昔でも、家柄《いえがら》を偽《いつわ》って、貴公子みたいなふりをしたりとかな。あるいは、女性でも、そういうふうに、「いいところの生まれだ」みたいなふりをして、ほんとは、「男を騙《だま》したい」という気持ちを持ってるとかな。もしくは、権謀術数《けんぼうじゅっすう》を使いすぎて、出世の階段を上がっていこうとしてるとか。そういうやつらなんかには、妖怪が憑きやすい感じはあったけど。ただ、それは、取り憑いたというより、加勢してるのかもしれないけどね。（妖怪が）それを手伝ってやってるという場合もあるわなあ。

斎藤　水木しげるとして地上におられたときも、生霊を感じたことはありましたか。

水木しげる　（聴聞席《ちょうもん》を指して）君らには、これが人間の顔に見えるんだろう？　だが、僕《ぼく》には、そうは見えないからさ。みんな一個一個違う、それぞれの妖怪に見えてくるんでね（会場苦笑）。

斎藤　それは、「霊視《れいし》」というかたちでしょうか。

水木しげる　うーん。顔がそう見える。

斎藤　すべてが、そんなふうに見えるんですか。

水木しげる　いやあ、見てたらだんだん、「こいつは、これだろうな」っていうふうな感じに……。

斎藤　想像力が豊かなんですね。

水木しげる　想像力ですかねえ？　でも、見えてくるもんはしょうがないでしょう。例えば、おたく（幸福の科学）の総務部にいる某氏《ぼう》なんかを見たら、「これは、妖怪・小豆洗《あずきあら》いかなあ。それとも、子泣き爺《じじい》かな」とかいうふうな感じで、見えてくるわけよお（会場笑）。

斎藤　はあ。さようですか。

水木しげる　うーん。

同業種における巨人《きょじん》・手塚治虫《てづかおさむ》を、どのように見ているか

斎藤　同時代に生きていた同業種における巨人《きょじん》に、手塚治虫《てづかおさむ》という方がいます。

水木しげる　ああ。

斎藤　手塚先生は、水木先生をライバル視して嫉妬《しっと》されていたという話もありますが、手塚先生はどのように見えました？

水木しげる　（手塚治虫は）妖怪世界まで参入はできていないんじゃないかね。ズバリ悟《さと》りが、まだそこまで行ってないんじゃないかな。「妖怪の悟り」を得てないわねえ。

斎藤　いやあ（苦笑）、手塚先生はヒューマニティーの高い方ですから、そうはならないと思いますけれども。

水木しげる　ええ？「妖怪の悟り」じゃないねえ。

松本　志向性が違うと思うんですけれども。

水木しげる　まあねえ。あれは、「妖怪の悟り」というよりは、この世のプラグマティズムにも侵《おか》されてるし、それから、ちょっと未来志向が強すぎるわな。

松本　うーん。

手塚治虫（1928～1989）

水木しげる　そういう意味では、あっちは〝あれ〟だな。「未来小説派」っていうかさあ、イマジネーションがそっちに行っているので、「H・G・ウェルズ型」の人間なんじゃないかなあ。

斎藤　ああっ、H・G・ウェルズ型が、手塚治虫型？

水木しげる　うん。彼は、そっち型の人間であって、まだ「妖怪の悟り」を得てないな。

斎藤　「妖怪の悟り」というものがあるんですね。

水木しげる　うん。私の「妖怪の悟り」まで来る

『H・G・ウェルズの未来社会透視リーディング』
（幸福の科学出版刊）

には、まだちょっと時間がかかるな。やっぱり、もっともっと勉強しなきゃいけないな。

9　水木しげる氏の使命と役割とは

「日本が洋風化するのを食い止めたい」という気持ちが強かった

松本　先ほどからお話を伺《うかが》っていますと、水木先生は、「ムー」あたりを一つの基点にして南方のほうを流れてきて、まあ、水木先生がおっしゃるには、日本神道《しんとう》の真ん中、つまり、主流を来られているとのことでした。

この霊界《れいかい》の流れのなかの一つとして、現代の日本というものをどのようにご覧になって、今回、「水木しげる」としてお生まれになったのでしょうか。

その大きな流れのなかで、今回、ご自身が地上に出てきた理由、使命など、そのあたりは……。

水木しげる　ああ、やっぱり、「日本が完全に洋風化するのを食い止めたい」っていう気持ちは強かったね。

斎藤　ああ、なるほど。先生が日本に生まれたのには、「目的がある」のですね？

水木しげる　あのねえ、日本には、日本のよさがあるんだよ。日本の伝統があるんだよ。オリジナルな文化があるわけで。

松本　なるほど。

水木しげる　その源流は「ムー」にもある。長い長い歴史があるわけだから、「こんな、二百数十年の歴史しかないアメリカあたりの文化に、完全に変えられてたまるか！」っていう気持ちがあるので。アメリカ兵を脅《おど》す意味でも、妖怪《ようかい》は必要なわけよ。

斎藤　やはり、文明圏《けん》のところの、深いところまで行っちゃうわけですね？

水木しげる　そう。やっぱりねえ、ドラキュラが足を生《は》やして歩くような世界、そういう忌《い》まわしい世界は嫌《いや》なわけよ。

松本　ああ……。

水木しげる　「妖怪なら、地上を離《はな》れて空中を飛べ！」っていうんだよ。なあ？　そういう気持ちはあるわなあ。

斎藤　「一反木綿《いったんもめん》」ですか。

水木しげる　だからねえ、「地《じ》べたを歩かなきゃいけないような、足がついてる幽《ゆう》霊《れい》みたいなのしか思えない」っていう文化はねえ、私は低いと思うなあ。

斎藤・松本　ふうーん。

水木しげる　ずーっと低いんじゃないかなあ。

松本　「文明のオリジナリティーを大事にしろ」ということを、おっしゃりたかったと。

水木しげる　うん。妖怪世界では、西洋なんていうのは、うちらから見たらずーっとレベルが低いからね。まだ、ほんと、〝入り口程度〟しか見分けてないからさ。

妖怪の種類なんかも数種類ぐらいしかねえんじゃないかな。

斎藤　ちなみに、日本では、「ハリー・ポッター」が非常に有名になり、広がってきましたね。

水木しげる　それは「魔界《まかい》」、まあ、「魔法界」か？

斎藤　あれは魔法界です。

水木しげる　魔法界……、まあ、あっちは魔法が主流だから。日本のは、魔法はあんまり使わないんで。魔法を使うのはヨーロッパ系が強いのでね。あっちの、ドイツの

「ハリー・ポッターと賢者の石」（2001年公開／ワーナー・ブラザース）

森あたりから発生したものと、古代ケルトのほうから発生した宗教あたりとで、あっちに魔法界ができてて、これが、かなり大きな影響《えいきょう》を与《あた》えてるけど。まあ、こちら（日本）は「魔法」じゃなくて、やっぱり「妖術」なんだよな。

斎藤　なるほど。

水木しげる　魔法と妖術は違《ちが》うんだよ。

「妖怪《ようかい》世界につながらずして創造性は生まれないね」

斎藤　最近、若い世代には、先ほども冒頭《ぼうとう》の解説で出ましたけれども、「妖怪《ようかい》ウォッチ」、または、その前世代において、「ポケットモンスター（ポケモン）」が流行《はや》っています。さまざまに新しいかたちで妖怪の展開がなされていますが、これについては、どうお考えでしょうか。

水木しげる　やっぱり、「創造性の根源」だよね、妖怪世界っていうのは。

斎藤　創造性の根源？

水木しげる　ああ。妖怪世界につながらずして創造性は生まれないね。

アニメやそのキャラクター的なもんで、そういうものがすごく流行ったのには、理由はあると思うなあ。

（松本に）だから、君ね、早く〝宗旨《しゅうし》替《が》え〟したほうがいいよ。君のアニメは面白《おもしろ》くない。

『ポケットモンスター XY ポケモンぜんこく超ずかん』（小学館）

松本　はあ、そうですか。

水木しげる　もう駄目《だめ》。そんなんでアカデミー賞なんか狙《ねら》ったって、不可能。

松本　黄金の光が真ん中にあるのでは駄目ですか。

水木しげる　うん。もう全然、不可能。面白くない。全然、イマジネーション力が足りないし、ファンタジーもないよね。
そういうものを捨てて、ちょっと背広を脱《ぬ》ぎなさいよ。背広を脱いで、早く妖怪に化《ば》けなさい。

松本　（苦笑）

水木しげる　早く妖怪の世界に行きなさい。「自由自在な生き方」が大事なんだよ。自由というのは、そういうことなんだよ。君らね、背広にネクタイでアニメの絵を描いたって駄目なんだ、そんなのは。

「鳥居《とりい》の裏に、海千山千《うみせんやません》の妖怪《ようかい》がたくさんいるんだ」

松本　日本神道の魅力《みりょく》、あるいは、幸福の科学の魅力としては、「多様性を非常に重んじることこそ大事にしている」というところがあります。個性を大事に育てるところというか……。

水木しげる　いや。君らの日本神道は〝あれ〟でしょ？　もうほんとに、鳥居《とりい》と、（右手を波打たせながら）うにゃうにゃうにゃうにゃっとしたの（注連縄《しめなわ》）と、短冊《たんざく》（紙垂《しで》）みたいのしか見えてないんだろ。あの裏に、海千山千《うみせんやません》の妖怪《ようかい》がたくさんいるんだ。

松本　そういう世界も含《ふく》めて、広い霊界観の多様性を認めるというところが、今、説かれている幸福の科学の教えです。
そういう意味では、水木先生が、その一端《いったん》を担《にな》われたということに、私たちも感謝はいたしておりますし、参考にさせていただきます。

水木しげる　うーん。

斎藤　はい。水木先生の本当に尊い今までの業績は、この日本に霊的な世界を知らしめて……。

注連縄は神道における祭具で、糸の字を象形した紙垂《しで》をつけた縄のこと。

水木しげる　（斎藤を指して）いや、君の顔を見てると、過去世《かこぜ》は、もう一つ河童《かっぱ》か何かがいそうな気がするんだよ。

斎藤　（苦笑）

松本　いや（苦笑）、もう、彼（斎藤）については、このへんで大丈夫《だいじょうぶ》です。

水木しげる　河童、河童。河童がいるんだよ。

斎藤　すでに、かなりいろいろな種類の〝過去世〟が豊富に出てきていて、〝百科事典型〟になってきましたねえ。

水木しげる　甲羅《こうら》を背負っている河童の顔に見えるよねえ。

斎藤　次は河童ですか。

水木しげる　彼の命日《めいにち》……、いや、命日じゃない。

松本　命日？（苦笑）

水木しげる　彼の誕生日には、かっぱ巻きを祀《まつ》ってやるといい。

松本　かっぱ巻き（苦笑）。

斎藤（右手のみで合掌《がっしょう》し）それでは、私《わたくし》、「河童」で頑張《がんば》ってまいりたいと思います（苦笑）（会場笑）。

水木しげる　ええ？　何が！　〝屁《へ》の河童〟なんだろう？

斎藤　はい。

水木しげる氏が今、描きたい妖怪《ようかい》の姿とは

斎藤　それでは、水木先生、いいお時間となってきました。

水木しげる　いやあ、君ねえ、こんなんじゃ、本一冊にならないわ。

松本・斎藤　なります。

水木しげる　私の「絵」が必要だよ。

松本　（本書には）絵が、たくさん入りますから。

斎藤　はい。大丈夫です。

水木しげる　ええ？　私の絵が必要なんじゃないか。

斎藤　（本に掲載《けいさい》する）画像は、非常に重視させていただきます。

水木しげる　挿絵《さしえ》を描ける人がいるんだったら、私が、それにヒントを与えてあげるからさあ、絵が描けるように。

竹内　では、あなたが、いちばん描きたい妖怪《ようかい》の姿を、一つ描写《びょうしゃ》してもらってもいいですか。

水木しげる　うーん。やっぱりねえ、鎌倉《かまくら》の大仏だね。鎌倉の大仏を変化させてみたいね。

竹内　どう変化させるんですか。

水木しげる　大仏だと思って、みんなが拝《おが》んどる。まあ、それが面白いよね（笑）。（鎌倉の大仏の）〝お腹《なか》のなか〟へ入って、なかを登ってみる。「がらんどう」だよな？

みんな、大仏のなかへ入ってると思ったら、実は、狸《たぬき》のお腹のなかへ入ってるなんていう（笑）、こんな感じのが……。

竹内　（苦笑）

斎藤　はいっ！　ありがとうございました。いい時間となりました！（会場笑）

水木しげる　ハハハハハハ……（笑）。これは、君たちの信仰《しんこう》の姿だな。

斎藤　印象深いエンディングの映像を賜《たまわ》り、本当に、ありがとうございました。

質問者たちに逆質問し、話を長引かせる水木しげる氏

水木しげる　こんなに早く終わっていいのか？　ほんと？

斎藤　はい。素晴《すば》らしいです！　ムーのような太古の昔の話、文明圏の話、過去の転生《てんしょう》の話と、さまざまに頂きました。

松本　深い話でしたね。

水木しげる　君ら、その程度の仕事では〝文化功労者〟になれないよ。

斎藤　水木先生は、文化功労者として、日本でも大きな大きな業績を遺《のこ》されています。

水木しげる　（松本に）「バケモノの子」に負けちゃうぞ？

松本　いえ、いえ。これから世間《せけん》に……。

水木しげる　「もののけ姫《ひめ》」にも負け、「千《せん》と千尋《ちひろ》（の神隠《かみかく》し）」にも負け……。君、負け続けてるじゃないか。ええ？

松本　いえ、これからでございます。幸福の科学の光を広げていきますので。

斎藤　必ずや、幸福の科学の世界観を描いたアニメ、そして実写映画で、これから、ますます頑張ってまいりたいと思います。

水木しげる　あんまり負けるからさあ、（大川隆法が）朝、北《きた》の湖親方《うみおやかた》なんかにも脅されてたんだよ。「わしも出せ！」とか言われてさ。（大川隆法の）奥《おく》さんが一生懸命《いっしょうけんめい》、「どうやって、言葉で相撲《すもう》を表現するんですか？」とか言って（笑）、〝はねのけて〟いたけどなあ（注。本収録の翌日の二〇一五年十二月十三日に、「元相撲協会理事長・横綱《よこづな》北の湖の霊言《れいげん》――ひたすら勝負に勝つ法――」を公開収録した）。

まあ、わしのほうは言葉で話ができるから、まあ、優先度がな。（斎藤を指して）君、絵描きだろう？

斎藤　いやあ……（苦笑）。（腕《うで》時計を見て）だんだん長くなってまいりました。

水木しげる　ええ？　妖怪を描きたくないか？

斎藤　えっ？　妖怪？

水木しげる　描きたいだろう。

斎藤　うーん……。

水木しげる　わしが乗り移れば描けるぞ。

斎藤　どうぞ！　カモン！（会場笑）　私《わたくし》めに入っていただければと。力不足ではございますが、今日から後《のち》、どんどん来ていただきまして……。

水木しげる　じゃあ、今日、左手もいでくれるか？

斎藤　えっ？　左手をもぐ？

水木しげる　おお。

斎藤　（左肩《かた》を回しながら）もぐ、もぐ、もぐ、もぐ……。それは、なかなかに難しいことなので……。

水木しげる　左手をもいで祀ってくれたら、君に乗り移ってやるよ。

死後、「妖怪《ようかい》世界の参謀《さんぼう》総長」に近い位置を得たという水木しげる氏

竹内　水木ファンの方もたくさんいらっしゃいますので、最後に、その方々に向けて、帰天《きてん》後のメッセージを……。

水木しげる　ええ……、帰天……、〝帰天狗〟して、どうなったかと。うーん、まあ、今世《こんぜ》の功績によりだなあ、私も、妖怪《ようかい》世界では「参謀《さんぼう》総長」に近い位置を得たというところ……。

斎藤　妖怪世界の「参謀総長」の地位を〝授与《じゅよ》〟されたのですか。

水木しげる　うん。そういう感じやなあ。

斎藤　まことに、おめでとうございます。

水木しげる　うーん。

斎藤　心よりお祝い申し上げます（会場笑）。

水木しげる　なーんか、〝追い出し〟たがる波動《はどう》が来る……。

一同　（笑）

斎藤　いえ、いえ、いえ。そのような……（苦笑）。

水木しげる　（松本を指して）この人が、今、困ってるからさあ。

松本　え？

水木しげる　インスピレーションがなくて。

松本　いや、いや（笑）。大丈夫でございます。

斎藤　私めに、どんどん来ていただければ……。

水木しげる　（松本に）妖怪を出せ！　妖怪を。

松本　え？　妖怪ですか（苦笑）。

水木しげる　アニメに妖怪を出しゃあいいんだよ。

松本　検討させていただきます。

斎藤　いや、こちら（松本）ではなく、ぜひ、私のほうへ。お茶を用意しておりますので。

水木しげる　うーん。うーん。

一同　はい、どうもありがとうございました。

大川隆法　（三回、手を叩《たた》く）

10　水木しげる氏の霊言《れいげん》を終えて

〝面白《おもしろ》い人〟だが、若干《じゃっかん》、邪見《じゃけん》が入っている

大川隆法　うーん……（苦笑）。

松本　（笑）

大川隆法　何とも……。何だろう？　まあ、〝面白《おもしろ》い人〟であることは確かなのですけれどもね。

斎藤　ものすごい「想像力」と、いわゆるクリエイトするほうの「創造力」とを兼《か》

ね備えておられます。

大川隆法　面白いのですが、若干《じゃっかん》、どこかで邪見《じゃけん》が入ってるのでしょうね（苦笑）。何か、レンズを通ってきたように、少し曲がって映像が映っているようには見えます。

ただ、「映像が曲がっているのが、またそれなりに創造性に見えている」というようなところでしょうか。

松本　なるほど。

大川隆法　うーん。まだ、「表」と「裏」の自覚が十分ではないかもしれません。

斎藤　特に、「聖なるもの」が歪《ゆが》んだかたちで見えていて、「聖なるものを違《ちが》うかた

ち に〝妖怪化《ようかい》〟して出す」という癖《くせ》が強いと思います（笑）。

大川隆法　いや、妖怪にとっては、「妖怪の世界に見える」のではないですか。「一《いっ》水四見《すいしけん》」で、魚には魚の世界から見えるように、妖怪には妖怪の世界から見えるのでしょう。

でも、当会では、ズバリの妖怪というのは、あまり出したことがないかもしれません。まあ、水木しげる自身も、どうせ妖怪でしょう。

斎藤　（笑）はい。妖怪の参謀《さんぼう》総長に就任されたそうです。

大川隆法　当会では、「妖怪の霊言《れいげん》」というものがありません。

彼は、これから、だんだん体も変化していかれて、それなりになると思われます。

おそらく、宮崎駿《みやざきはやお》さんもあの世に還《かえ》られたら、「妖怪界の広報局長」か何かになら

●一水四見　仏教の思想で、同じ一つの水でも立場によって四つの見方があるという考え。すべては心の顕れということ。例えば、同じ川の水であっても、魚はそれを住処と見、普通の人間は普通の川と見、地獄の亡者は、血の膿が流れているように見、天国の人は透き通った水晶のような、きれいな輝きに見る。

れるのでしょう。

松本　そうですね。

「ありのままの霊界《れいかい》」を教える幸福の科学の世界観を広げたい

大川隆法　日本では、確かに妖怪は強いですね。

松本　強いですね。

竹内　「正見《しょうけん》を曲げて見ることが人気につながっている」というところが、意外に、「日本人の曲がっているところ」とつながっているのかもしれないですね。

大川隆法　うーん。どうも、仏教系のものの見方が裏側にされて、こちら（妖怪）

のほうが表側になっていますね（笑）。確かに、「八割・二割」ぐらいになっている可能性があります。

やはり、「霊界観《れいかい》」を、少し変える必要はあるでしょう。

斎藤　はい。

大川隆法　今までの宗教も、そちらのほうに、だいぶ染まっていたところはあるのかもしれません。そういう意味で、日本の霊界には、けっこう強いのだろうと思います。

松本　はい。

大川隆法　もう少し「ありのままの霊界」を知っていただきたいですね。

まあ、水木しげるには、妖怪によって、あの世のことを伝道しているところもあるものの、妖怪とか怨霊《おんりょう》とかを怖《こわ》がって、「あの世を信じたくない」という人もいることはいます。それが、あの世を遠ざけている面もあるわけです。

一方、私が説いているのは、「この世をまともに生きた人は、あの世でもまともに生きられます」ということですし、そういう世界を信じたほうが、人生としては、すっきりして生きやすいと思います。

この世でまっとうな生き方をして、まっとうな知識や経験を得た人は、あの世でもまっとうに生きていますし、やはり、そのほうがよいでしょう。

「あの世に行ったら、全然違う化《ば》け物のようになっていく」というのでは、たまりません。水木しげるのは、そういう世界観ですよね？

そういう意味で、こちら（幸福の科学）の世界観も、もう少し広げたいなとは思います。

松本　はい。そうですね。

斎藤　伝道力を倍増し、努力・精進《しょうじん》して、正しい霊界観、幸福の科学的価値観を広げてまいります！

大川隆法　はい。では、以上としましょう。

一同　ありがとうございました。

大川隆法　ありがとうございました（手を一回叩《たた》く）（会場拍手《はくしゅ》）。

あとがき

水木氏の妖怪ワールドは面白いが、気味《きみ》の悪い面や、あきらかに創作とわかるものも多い。これに対し、私が伝えている霊界世界は創作ではない。原則、ノンフィクションのリアリティそのものである。水木氏のもの以外でも、「ポケモン」や「妖怪ウォッチ」など日本発で大ブレイクした妖怪も多い。確かに唯物的人生を生きている人たちにとっては、方便《ほうべん》ではあっても、何も知識がないよりはよかろう。

戦争中、水木氏は南方《なんぽう》戦線に岩波文庫のエッカーマン『ゲーテとの対話』（全三冊）を持ち歩き、あるインタビューでは、自分の中身の八〇％はゲーテでできているとも述べていた。ただ思想内容に、ゲーテとの共通項が見られないので、「ファウスト博士」的人生を生きた、という意味に私は理解している。

当会は寛容を宗《むね》として活動しているので、特に批判はしないが、本書を手にとられた方は、これをきっかけに、本格的な宗教の学習をしてもらいたいと強く願っている。

二〇一六年　一月五日

幸福《こうふく》の科学《かがく》グループ創始者兼総裁《そうししゃけんそうさい》　大川隆法《おおかわりゅうほう》

『水木しげる　妖怪ワールドを語る』大川隆法著作関連書籍

『永遠の法』（幸福の科学出版刊）
『野坂昭如の霊言』（同右）
『宇宙人リーディング』（同右）
『ウォルト・ディズニー「感動を与える魔法」の秘密』（同右）
『日本民俗学の父　柳田國男が観た死後の世界』（同右）
『「宮崎駿アニメ映画」創作の真相に迫る』（同右）
『竜宮界の秘密』（同右）
『H・G・ウェルズの未来社会透視リーディング』（同右）
『NHK「幻解！超常ファイル」は本当か』（同右）

水木《みずき》しげる　妖怪《ようかい》ワールドを語《かた》る

――死後12日目のゲゲゲ放談――

2016年1月6日　初版第1刷

著　者　　大《おお》川《かわ》隆《りゅう》法《ほう》

発行所　　幸福の科学出版株式会社

〒107-0052 東京都港区赤坂2丁目10番14号

TEL(03)5573-7700

http://www.irhpress.co.jp/

印刷・製本　株式会社 研文社

落丁・乱丁本はおとりかえいたします

©Ryuho Okawa 2016. Printed in Japan. 検印省略

ISBN978-4-86395-752-7 C0095

写真：共同通信社／毎日新聞社／アフロ／京浜にけ／ Ian the Paperboy ／みっち／ ITA-ATU ／ R.CREATION/SEBUN PHOTO /amanaimages ／時事／ kazoka/Shutterstock.com

大川隆法霊言シリーズ・霊的世界の神秘を探究する

日本民俗学の父　柳田國男が観た死後の世界

河童、座敷童子、天狗、鬼……。日本民俗学の創始者・柳田國男が語る「最新・妖怪事情」とは？　この一冊が 21 世紀の『遠野物語』となる。

1,400円

「宮崎駿アニメ映画」創作の真相に迫る

宮崎アニメの魅力と大ヒット作を生み出す秘密とは？　そして、創作や発想の原点となる思想性とは？　アニメ界の巨匠の知られざる本質に迫る。

1,400円

ウォルト・ディズニー「感動を与える魔法」の秘密

世界の人々から愛される「夢と魔法の国」ディズニーランド。そのイマジネーションとクリエーションの秘密が、創業者自身によって語られる。

1,500円

※表示価格は本体価格（税別）です。

大川隆法ベストセラーズ・超常現象の真相を探る

NHK「幻解！超常ファイル」は本当か

ナビゲーター・栗山千明の守護霊インタビュー

ＮＨＫはなぜ超常現象を否定する番組を放送するのか。ナビゲーター・栗山千明氏の本心と、番組プロデューサーの「隠された制作意図」に迫る！

1,400円

幻解ファイル＝限界ファウル「それでも超常現象は存在する」

超常現象を否定するＮＨＫへの〝ご進講②〟

心霊現象を否定するＮＨＫこそ非科学的!? タイムスリップ・リーディングで明らかになった４人のスピリチュアル体験の「衝撃の真実」とは！

1,400円

「宇宙人によるアブダクション」と「金縛り現象」は本当に同じか

超常現象を否定するＮＨＫへの〝ご進講〟

「アブダクション」や「金縛り」は現実にある！「タイムスリップ・リーディング」によって明らかになった、７人の超常体験の衝撃の真相とは。

1,500円

大川隆法ベストセラーズ・神秘の扉が開く

神秘の法

次元の壁を超えて

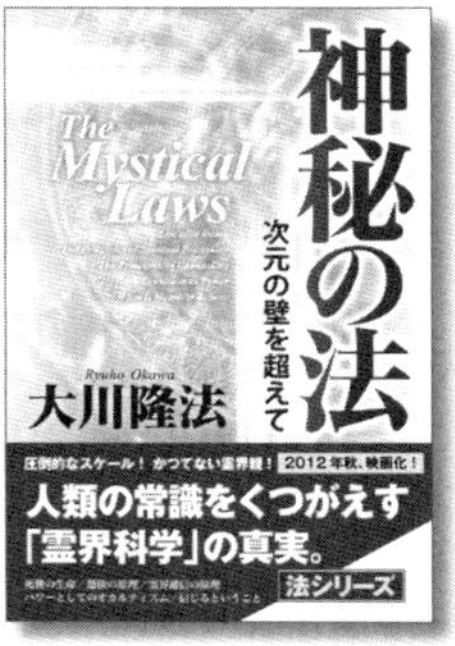

この世とあの世を貫く秘密を解き明かし、あなたに限界突破の力を与える書。この真実を知ったとき、底知れぬパワーが湧いてくる!

1,800円

永遠の法

エル・カンターレの世界観

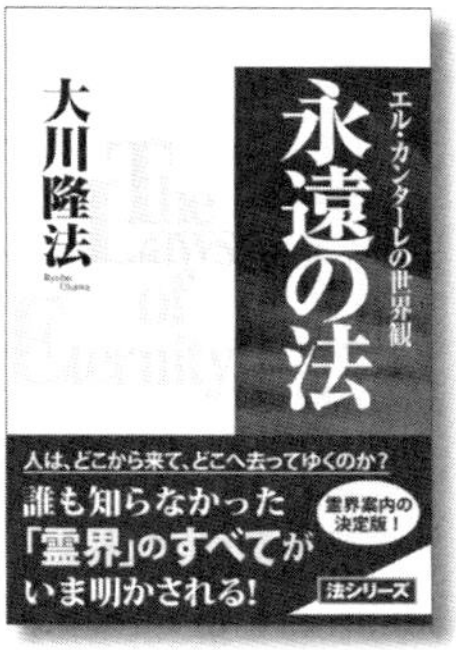

『太陽の法』(法体系)、『黄金の法』(時間論)に続いて、本書は、空間論を開示し、次元構造など、霊界の真の姿を明確に解き明かす。

2,000円

復活の法

未来を、この手に

死後の世界の姿を豊富な具体例で明らかにし、天国に還るための生き方を説く。また、ガンや生活習慣病、ぼけを防ぐ、心と体の健康法も示す。

1,800円

※表示価格は本体価格(税別)です。

大川隆法シリーズ・最新刊

杉原千畝に聞く 日本外交の正義論

ナチスから6千人のユダヤ人を救った外交官が語る、「命のビザ」と第二次世界大戦の真相。そして、現代日本に贈る外交戦略のアドバイスとは。

1,400円

野坂昭如の霊言

死後21時間目の直撃インタビュー

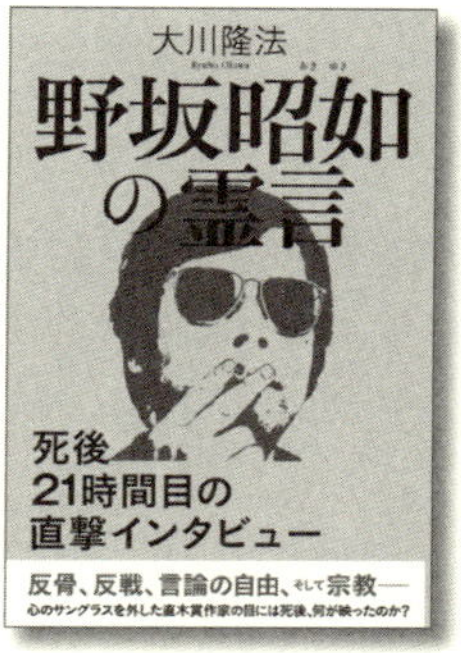

映画「火垂るの墓」の原作者でもある直木賞作家・野坂昭如氏の反骨・反戦のラスト・メッセージ。「霊言が本物かどうか、俺がこの目で確かめる」。

1,400円

大川隆法の〝大東亜戦争〟論［下］

「文明の衝突」を超えて

大川真輝　著

大東亜戦争当時から現代にまで続く「文明の衝突」とは。「虚構の歴史」を明らかにし、「日本再建」を目指したシリーズが、ついに完結！【ＨＳＵ出版会刊】

1,300円

幸福の科学出版

大川隆法「法シリーズ」・**最新刊**

正義の法

法シリーズ
第22作

憎しみを超えて、愛を取れ

テロ事件、中東紛争、中国の軍拡——。
どうすれば世界から争いがなくなるのか。
あらゆる価値観の対立を超える
「正義」とは何か。
著者二千書目となる「法シリーズ」最新刊！

2,000円

第１章　神は沈黙していない——「学問的正義」を超える「真理」とは何か
第２章　宗教と唯物論の相克——人間の魂を設計したのは誰なのか
第３章　正しさからの発展——「正義」の観点から見た「政治と経済」
第４章　正義の原理
——「個人における正義」と「国家間における正義」の考え方
第５章　人類史の大転換——日本が世界のリーダーとなるために必要なこと
第６章　神の正義の樹立——今、世界に必要とされる「至高神」の教え

幸福の科学出版　　※表示価格は本体価格（税別）です。

天使は、見捨てない。
天使に
I'm fine!
アイム・ファイン
製作総指揮／大川隆法
雲母(きらら)　芦川よしみ　金子昇　清水一希　合香美希
原作／『アイム・ファイン』大川隆法（幸福の科学出版）
監督・脚本／園田映人　音楽／大門一也　製作：ニュースター・プロダクション　制作プロダクション：ジャンゴフィルム　配給：日活　配給協力：東京テアトル
©2016ニュースター・プロダクション
5つの傷ついた心に、奇跡を起こす —
G
映倫
3.19(SAT)ROADSHOW
www.newstar-pro.com/tenshi/
NIKKATSU

幸福の科学グループのご案内

宗教、教育、政治、出版などの活動を通じて、地球的ユートピアの実現を目指しています。

幸福の科学

一九八六年に立宗。信仰の対象は、地球系霊団の最高大霊、主エル・カンターレ。世界百カ国以上の国々に信者を持ち、全人類救済という尊い使命のもと、信者は、「愛」と「悟り」と「ユートピア建設」の教えの実践、伝道に励んでいます。

（二〇一六年一月現在）

愛

幸福の科学の「愛」とは、与える愛です。これは、仏教の慈悲《じひ》や布施《ふせ》の精神と同じことです。信者は、仏法真理をお伝えすることを通して、多くの方に幸福な人生を送っていただくための活動に励んでいます。

悟り

「悟り」とは、自らが仏の子であることを知るということです。教学《きょうがく》や精神統一によって心を磨き、智慧《ちえ》を得て悩みを解決すると共に、天使・菩薩《ぼさつ》の境地を目指し、より多くの人を救える力を身につけていきます。

ユートピア建設

私たち人間は、地上に理想世界を建設するという尊い使命を持って生まれてきています。社会の悪を押しとどめ、善を推し進めるために、信者はさまざまな活動に積極的に参加しています。

国内外の世界で貧困や災害、心の病で苦しんでいる人々に対しては、現地メンバーや支援団体と連携して、物心両面にわたり、あらゆる手段で手を差し伸べています。

年間約３万人の自殺者を減らすため、全国各地で街頭キャンペーンを展開しています。

公式サイト　www.withyou-hs.net

ヘレン・ケラーを理想として活動する、ハンディキャップを持つ方とボランティアの会です。視聴覚障害者、肢体不自由な方々に仏法真理を学んでいただくための、さまざまなサポートをしています。

公式サイト　www.helen-hs.net

INFORMATION

お近くの精舎・支部・拠点など、お問い合わせは、こちらまで！

幸福の科学サービスセンター

TEL. **03-5793-1727**（受付時間 火～金：10～20時／土・日・祝日：10～18時）

幸福の科学 公式サイト **happy-science.jp**

ハッピー・サイエンス・ユニバーシティ

Happy Science University

**私たちは、理想的な教育を試みることによって、
本当に、「この国の未来を背負って立つ人材」を
送り出したいのです。**

（大川隆法著『教育の使命』より）

ハッピー・サイエンス・ユニバーシティとは

ハッピー・サイエンス・ユニバーシティ（HSU）は、大川隆法総裁が設立された
「現代の松下村塾」であり、「日本発の本格私学」です。
建学の精神として「幸福の探究と新文明の創造」を掲げ、
チャレンジ精神にあふれ、新時代を切り拓く人材の輩出を目指します。

住所 〒299-4325 千葉県長生郡長生村一松丙 4427-1
TEL.0475-32-7770

学部のご案内

人間幸福学部

人間学を学び、新時代を切り拓くリーダーとなる

人間の本質と真実の幸福について深く探究し、
高い語学力や国際教養を身につけ、人類の幸福に貢献する
新時代のリーダーを目指します。

経営成功学部

企業や国家の繁栄を実現する、起業家精神あふれる人材となる

企業と社会を繁栄に導くビジネスリーダー・真理経営者や、
国家と世界の発展に貢献する
起業家精神あふれる人材を輩出します。

未来産業学部

新文明の源流を創造するチャレンジャーとなる

未来産業の基礎となる理系科目を幅広く修得し、
新たな産業を起こす創造力と起業家精神を磨き、
未来文明の源流を開拓します。

未来創造学部

2016年4月
開設予定

時代を変え、未来を創る主役となる

政治家やジャーナリスト、ライター、俳優・タレントなどのスター、
映画監督・脚本家などのクリエーターを目指し、国家や世界の発展、
幸福化に貢献できるマクロ的影響力を持った徳ある人材を育てます。

キャンパスは東京がメインとなり、2年制の短期特進課程も新設します（4年制の1年次は千葉です）。2017年3月までは、赤坂「ユートピア活動推進館」、2017年4月より東京都江東区（東西線東陽町駅近く）の新校舎「HSU未来創造・東京キャンパス」がキャンパスとなります。

教育

学校法人 幸福の科学学園

学校法人 幸福の科学学園は、幸福の科学の教育理念のもとにつくられた教育機関です。人間にとって最も大切な宗教教育の導入を通じて精神性を高めながら、ユートピア建設に貢献する人材輩出を目指しています。

幸福の科学学園

中学校・高等学校（那須本校）
2010年4月開校・栃木県那須郡（男女共学・全寮制）
TEL **0287-75-7777**
公式サイト **happy-science.ac.jp**

関西中学校・高等学校（関西校）
2013年4月開校・滋賀県大津市（男女共学・寮及び通学）
TEL **077-573-7774**
公式サイト **kansai.happy-science.ac.jp**

ハッピー・サイエンス・ユニバーシティ（HSU）
TEL **0475-32-7770**

仏法真理塾「サクセスNo.1」 TEL **03-5750-0747**（東京本校）
小・中・高校生が、信仰教育を基礎にしながら、「勉強も『心の修行』」と考えて学んでいます。

不登校児支援スクール「ネバー・マインド」 TEL **03-5750-1741**
心の面からのアプローチを重視して、不登校の子供たちを支援しています。
また、障害児支援の「**ユー・アー・エンゼル!」運動**も行っています。

エンゼルプランV TEL **03-5750-0757**
幼少時からの心の教育を大切にして、信仰をベースにした幼児教育を行っています。

シニア・プラン21 TEL **03-6384-0778**
希望に満ちた生涯現役人生のために、年齢を問わず、多くの方が学んでいます。

学校からのいじめ追放を目指し、さまざまな社会提言をしています。また、各地でのシンポジウムや学校への啓発ポスター掲示等に取り組む一般財団法人「いじめから子供を守ろうネットワーク」を支援しています。

公式サイト **mamoro.org**
相談窓口 **TEL.03-5719-2170**
ブログ **blog.mamoro.org**

政治

幸福実現党

内《ない》憂《ゆう》外《がい》患《かん》の国難に立ち向かうべく、二〇〇九年五月に幸福実現党を立党しました。創立者である大川隆法党総裁の精神的指導のもと、宗教だけでは解決できない問題に取り組み、幸福を具体化するための力になっています。

党員の機関紙
「幸福実現NEWS」

TEL 03-6441-0754
公式サイト hr-party.jp

出版メディア事業

幸福の科学出版

大川隆法総裁の仏法真理の書を中心に、ビジネス、自己啓発、小説など、さまざまなジャンルの書籍・雑誌を出版しています。他にも、映画事業、文学・学術発展のための振興事業、テレビ・ラジオ番組の提供など、幸福の科学文化を広げる事業を行っています。

アー・ユー・ハッピー？
are-you-happy.com

ザ・リバティ
the-liberty.com

幸福の科学出版
TEL 03-5573-7700
公式サイト irhpress.co.jp

THE FACT

ザ・ファクト
マスコミが報道しない
「事実」を世界に伝える
ネット・オピニオン番組

Youtubeにて
随時好評配信中！

ザ・ファクト　検索

入 会 の ご 案 内

あなたも、幸福の科学に集い、
ほんとうの幸福を
見つけてみませんか？

幸福の科学では、大川隆法総裁が説く仏法真理をもとに、
「どうすれば幸福になれるのか、また、
他の人を幸福にできるのか」を学び、実践しています。

入会

大川隆法総裁の教えを信じ、学ぼうとする方なら、どなたでも入会できます。入会された方には、『入会版「正心法語」』が授与されます。（入会の奉納は1,000円目安です）

ネットでも**入会**できます。詳しくは、下記URLへ。
happy-science.jp/joinus

三帰《さんき》誓願《せいがん》

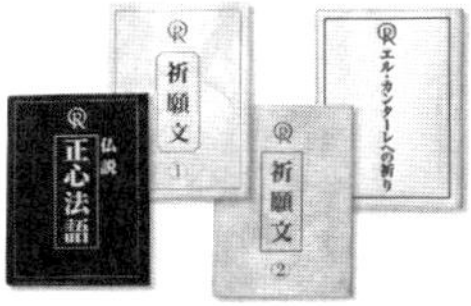

仏弟子としてさらに信仰を深めたい方は、仏・法・僧の三宝への帰依を誓う「三帰誓願式」を受けることができます。三帰誓願者には、『仏説・正心法語』『祈願文①』『祈願文②』『エル・カンターレへの祈り』が授与されます。

植福《しょくふく》の会

植福は、ユートピア建設のために、自分の富を差し出す尊い布施の行為です。布施の機会として、毎月1口1,000円からお申込みいただける、「植福の会」がございます。

ご希望の方には、幸福の科学の小冊子（毎月1回）をお送りいたします。詳しくは、下記の電話番号までお問い合わせください。

月刊「幸福の科学」

ザ・伝道

ヤング・ブッダ

ヘルメス・エンゼルズ

INFORMATION

幸福の科学サービスセンター
TEL. 03-5793-1727（受付時間 火～金：10～20時／土・日・祝日：10～18時）
幸福の科学 公式サイト **happy-science.jp**